욕망으로 읽는 조선고전담

역전 흥부, 당찬 춘향,
자존 길동, 꿈의 진실게임,
반전의 우리고전 읽기

유광수 지음

욕망으로 읽는

조선고전담

21세기북스

'딸깍' 하고
고전이 되살아날 때 우리는

세상일이 늘 그렇다. 별것 아닌 우연한 것들이 '딸깍' 맞아 떨어졌을 뿐인데 나중에 보면 뭔가 엄청난 것처럼 되어 있기도 하다. 사실 사소한 것들이 '딸깍딸깍' 이어지면서 그냥 그렇게 되어버렸을 뿐인데 말이다.

고등학교 2학년 어느 무더운 여름날 교실 안이었다. 문학 선생님께서 〈청산별곡靑山別曲〉을 설명해주셨다. 열심히 밑줄을 쳤고 빨간색, 파란색 볼펜을 바꿔가며 부지런히 받아 적었다. 선생님 말씀을 하나라도 놓치지 않겠단 생각으로 온 신경을 곤두세우고 있었는데, 그 순간 '딸깍' 하고 내 인생에 뭔가가 맞아떨어지는 소리가 났다. 진짜 소리가 난 것도 아니고 환청을 들은 것도 아니었다. 선생님 말씀이 내 마음속으로 쑥 들어왔다.

"사슴이 장대 끝에 올라가 해금奚琴을 켠다."

난 그 말에 홀딱 반했다. 아니 세상에 사슴이 어떻게 장대 끝에 올라간단 말인가. 그리고 왜 하필 해금이라는 악기를 깡깡깡 연주한단 말인가. 친구들에겐 덥고 땀나는 여름날의 지루한 수업이었을지 모르지만 내겐 황홀한 환상이 펼쳐지는 새로운 공간이 열린 순간이었다. '딸깍!'

대학은 당연히 국문과로 진학했을 것 같지만 아니었다. 세상일이 그렇듯이 〈청산별곡〉에 반했지만 좋아하는 게 그것 말고도 아주 많았고, 반했다고 해서 꼭 그걸 해야 하는 것도 아니니 말이다. 사학과와 국문과를 놓고 한참을 고민했다. 그때는 먼저 대학을 정하고 그곳에서 시험을 치르던 때였는데, 같은 대학 안에서 지원하는 학과 몇 개를 우선순위로 정할 수 있었다. 그 우선순위를 1지망, 2지망 이렇게 불렀다. 막판까지 사학과와 국문과를 놓고 1지망, 2지망으로 바꿔 쓰기를 세 번이나 했다.

그러다 지쳤다. 머리도 아프고 몸도 피곤하고, 아직 치르지 않은 학력고사보다 더 어려워지는 것 같아 공연히 부아도 났다. 그래서 마지막 세 번째 고친 대로 그냥 원서를 냈다. 1지망이 국문과였고 2지망이 사학과였다. 사실 사학과가 더 재미있어 보인다는 생각이 뒷목을 잡아챘지만, 정말 지쳐서 그냥 두었다. 그렇게 국문과에 입학했다. '딸깍!'

대학원에 가기로 한 것은 〈마지막 승부〉라는 드라마를 봤기 때문이다. 그 드라마는 엄청나게 인기였고, 나도 열심히 봤다. 그런데 그게 하필 진로를 고민해야 할 4학년 때였다. 드라마와 진로는 전혀 상관없었지만 마지막 회가 문제였다. 드라마 속에서 친구 사이인 손지창과 장동건이 서로 라이벌이 되어 대결을 펼치는데, 결국 마지막 승부에서 장동건이 이긴다. 이후 손지창은 계속 농구를 해 국가대표가 되고 대학 코치가 되었다. 장동건은 자신이 처음 농구를 시작할 때 가르쳐주었던 분처럼 한적한 시골 초등학교에서 농구를 가르쳤다. 그리고 다시 만난 두 친구는 정말 마지막으로 아이들 앞에서 누가 더 농구를 잘하는지 승부를 펼치기 위해 공을 높이 던지는 것으로 드라마는 끝이 난다.

〈마지막 승부〉의 마지막 회를 보고 난 뒤 이불 위에 누워 30분을 고민했다. 그리고 잠이 들었고, 다음 날 아침 취직과 관련한 모든 것을 내다 버렸다. 대학원에 가기로 결정한 것이다. 난 손지창처럼 되고 싶지 장동건처럼 되고 싶지는 않았기 때문이다. 뭔가 끝까지 더 가보고 싶단 생각이 머릿속에 가득했다. 지금 돌이켜 보니 장동건처럼 사는 게 더 나았을 수도 있단 생각이 들지만, 아무튼 그땐 그랬다. 취업을 포기하고 대학원에 진학했다. 아하, '딸깍!'

대학원에선 정작 〈청산별곡〉을 포기했다. 수업 시간에 〈청산별곡〉을 불렀기 때문이다. 고려시대 노래지만 조선시대에도 불렸던 〈청산별곡〉은 그 악보가 『시용향악보時用鄕樂譜』에 남아 있다. 그렇다. 그 악보집을 보고 대학원 수업 시간에 교수님과 선후배들 앞에서 야심차게 노래를 불렀다. 그리고 그들의 눈빛을 보고 깨달았다. '아, 난 음치구나.' 음치가 시가를 공부할 수는 없다. 내 생각엔 그렇다. 그냥 노래 가사나 배경 이야기만 배우는 것으로는 고전 시가의 참맛을 알 수도 없고 연구할 수도 없다는 당연한 생각을 대학원에 진학하고서야 깨달은 것이다. 아하, 정말 인생이란…. '딸깍!'

대학원 졸업은 해야겠기에 소설을 공부했다. 하다 보니 재미있었다. 내게 맞았다. 그리고 비로소 오랫동안 잊고 있던 생각이 떠올랐다. '맞아, 난 어렸을 때부터 소설 읽기를 더 좋아했어.' 늘 그렇듯이 자기가 자기를 제일 모른다. 열심히 공부했다. 석사를 졸업하고 '단번에 안 붙으면 난 다른 길로 간다'고 생각하고 박사 입학 시험을 쳤다. 내가 불쌍하게 보였는지, 아니면 정말 내가 그럴듯했는지, 어쨌든 박사과정에 붙었다. '딸깍!'

졸업했고, 운이 좋아 지금도 여전히 고전을 공부할 수 있는 직장을 얻었다. 정말 다행이다. 다른 일을 했다면 이런 글을 결코 쓸 수 없었을 테니 말이다. '딸깍!'

오랫동안 나만 '딸깍딸깍' 살다 보니 잠시 세상을 잊었었다. 세상은 내가 알고 있는 고전과는 전혀 다른 고전을 알고 있었다. '고전古典'이 어렵단다. 맞는 말이지만 더 어려운 외국 소설은 잘도 읽는다. 더 복잡한 철학 이야기도 열심히 읽는다. 그런데 한국 고전만 어렵단다. 그럼 무시하면 될 텐데, '고전'이 중요하기에 그럴 수 없단다. 그렇게 중요하고 가치가 있다면 어려워도 열심히 읽으면 안 될까 싶다.

뭐, 어떻든 상황이 이렇게 된 이유는 학교를 다니며 고전에 시달렸기 때문이다. '고전古典'에서 '고전苦戰'한 것이다. 그러니 누가 그 사나운 전쟁터에 다시 발을 딛고 싶겠는가. 수능에 어려운 문제로 출제되지만 않는다면 고전 따위는 당장 던져버리고 싶을 텐데 말이다.

21세기북스에서 좋은 기획을 마련했다. 우리 고전을 조금 쉽게, 그러면서도 명확하게 인식할 수 있도록 풀어보면 어떻겠냐는 제안이었다. 오랫동안 고민하던 머릿속의 엉킨 실타래가 풀어지는 느낌이었다. '딸깍!'

우리 고전 중 누구든 알고 있는 작품들만 골랐다. 『흥부전』, 『춘향전』, 『홍길동전』, 『구운몽』은 그야말로 우리 고전 중에서도 대표라 할 만한 작품이다. 학교에서도 열심히 가르치고 배운다. 우리나라에 사는 외국인들도 들어봤을 만한 이야기들이다.

나는 이 작품들을 읽을 때마다 가슴이 두근두근 흥분되는데 다른 사람들은 그렇지 않은 것 같다. 그냥 시큰둥하고, 듣든 배우든 아니면 시험에 정답으로 쓰든 여전히 지루하고 따분하고 귀찮을 뿐이란다. 혹시 내가 엄청난 연구자여서 나만 두근거리는 걸까? 그럴 리 없다. 이 작품을 읽은 옛날 사람들도 다 나처럼 흥분하며 즐거워했다. 공부해서 아는 게 아니라 그냥 알고 느꼈다. 울고 웃고 즐기며 이야기를 이야기로 대했다. 지금 우리가 영화를 보고 드라마를 보는 것처럼 그렇게 말이다.

맞다. 문제는 그거였다. 고전을 저만치 두고 마땅히 존중

해야 할 보물처럼 대한 게 문제였다. 박물관 안에 고이 아름답게 모셔두고 가끔 들여다봐야 가치 있게 잘 보존하는 거라고 착각한 게 큰 잘못이었다. 박제된 고전은 고전이 아니라 고리타분한 유물일 뿐이란 사실을 잊은 거다.

이 책을 쓴 이유는 내 가슴 속의 흥분을 그대로 전달하기 위해서다. 박제되다 못해 이젠 화석이 되어버릴 것만 같은 우리 고전을 원래 모습 그대로 복원해, 원래 모습 그대로 우리 가슴 속에 살아 숨 쉬도록 하는 게 목표다.

어쩌면 학교에서 배운 것과 많이 다를지도 모르겠다. 『흥부전』은 우애 이야기가 아니고, 『춘향전』은 열녀 이야기가 아니란 것에 놀랄 수도 있다. 『홍길동전』의 작가가 과연 허균인지도 고민해볼 문제고, 홍길동이 우리가 생각한 것과 전혀 다른 일을 벌였단 사실을 확인하고 난감할 수도 있다. 게다가 『구운몽』이 일장춘몽 이야기가 아니란 말에 마음이 착잡해질 수도 있다.

고전을 고리타분하다고 생각하게 만든 원흉은 그냥 그렇게 '좋고 좋은 착한 이야기예요'라고 넘어간 방조와 무관심이다. 시대적 요청과 우리의 필요에 따라 입맛에 맞게 고전을 불러내 멋대로 박제처럼 만든 게 우리 고전을 어렵고 지루하고 피곤한 짐 덩이로 전락시켜 버렸다. 그러나

고전은 짊어져야 할 짐도 아니고 시험문제에 어렵게 출제하라고 존재하는 것도 아니다.

고전에는 고전다움이 있다. 그 고전다움을 이 책을 통해 하나씩 제대로 풀어볼 생각이다. 그래서 이 책에서 다루는 네 개의 고전 작품들에 대해 그동안 연구하며 쓴 논문들과 여기저기 투고했던 글들을 다시 정리해 바탕에 두었다. 여러 의견들을 두루 경청하며 쉬우면서도 명쾌하게 설명하려 했다.

나름 열심히 노력했다. 그러나 정말 그렇게 먼지를 잘 털어내고 닦아내 살아 있는 것처럼 만들었는지는 모르겠다. 어쩌면 공연히 눈썹을 건드리고 공연히 코털을 뽑은 것은 아닌지 모르겠다. 하지만 분명한 게 하나 있다. 여러분이 나와 함께 이 책을 다 읽고 나면, 아마도 나처럼 우리 고전에 대해 흥분하게 될 거란 사실이다. 적어도 고전이 왜 가치 있는지, 우리가 살아가는 데 고전의 지혜가 왜 필요한지를 느낄 테니 말이다. 그리고 아마도 작은 소리를 듣게 될 것이다. 모르겠는가? '딸깍' 말이다.

2024년 3월 백양관에서

유광수

차례

프롤로그   4

1부 『흥부전』

더 부자가 되고 싶은 놀부와
일하지 않는 흥부의 이항대립 그 너머

1장 『흥부전』을 둘러싼 3가지 의문   19

ㅇ 놀부는 흥부에게 과연 재산을 나눠주었을까

ㅇ 흥부는 왜 일하지 않았을까

ㅇ 흥부의 자식들은 무엇을 했을까

2장 『흥부전』은 우애 이야기가 아니다   38

ㅇ 놀부의 욕심은 나쁘기만 할까

ㅇ 욕망과 욕심의 화초장

ㅇ 흥부도 욕심이 있었다

3장 『흥부전』에 드러난 조선 후기 경제구조의 변화   59

ㅇ 획기적일 만큼 공정한 사회

ㅇ 조선시대 결혼은 처가살이가 기본

ㅇ 한 집안의 진정한 경영자는 종갓집 맏며느리

4장 흥부와 놀부의 사회 변화 대응법   75

ㅇ 달라도 너무 다른 경제관념

ㅇ 흥부는 욕망의 화신이었다

ㅇ 박에서 나온 것들은 무엇을 상징할까

2부 『춘향전』

춘향은 정절의 상징이 아니라 자기결정권의 혁명가다

1장 『춘향전』에 관한 3가지 오해   97

ㅇ 춘향은 예뻤다

ㅇ 방자는 고유명사가 아니다

ㅇ 춘향은 기녀가 맞다

2장 변학도는 억울하다   109

ㅇ 변학도는 음탕한 탐관오리였을까

ㅇ 기녀는 수청을 들어야 한다

ㅇ 암행어사 이몽룡은 춘향만 구했다

3장 『춘향전』에 담긴 민중의 열망과 혁명성   126

ㅇ 에로티시즘과 혁명성

ㅇ 『춘향전』은 '이몽룡전'이 아니다

ㅇ 춘향은 이몽룡이 돌아올 거라 믿었을까

ㅇ 춘향은 정절의 화신이 아니다

ㅇ 모두의 열망이 담긴 주인공

3부 『홍길동전』

최약자 홍길동은 어떻게 '만들어진 히어로'가 되었는가

1장 『홍길동전』은 허균이 쓴 최초의 한글 소설인가　155

○ 호출된 고전, 박제가 되다
○ 진짜 우리나라 최초의 한글 소설일까
○ 무슨 근거로 한글 소설이라 했을까
○ 진짜 허균의 작품일까

2장 홍길동 출생은 영웅 탄생의 서막인가　177

○ 전반부와 후반부의 불일치성
○ 잘못은 우리가 만들어낸 시선이다
○ 홍길동은 영웅으로 탄생했을까

3장 자기 존재에 대한 자각과 욕망의 실현　195

○ 홍길동은 왜 가출했는가
○ 자기 존재 증명으로서의 활빈당
○ 홍길동은 정치가이자 정복자였다

4장 『홍길동전』을 둘러싼 불편한 시선과 희망　214

○ 불편한 시선과 왜곡
○ 우리에게 『홍길동전』은 무엇인가

4부 『구운몽』

인간 욕망의 끝없는 순환과 진정한 깨달음 이야기

1장 지식인 김만중은 왜 『구운몽』을 썼을까 227
　○ 김만중은 누구인가
　○ 어머니를 위로하려고 인생무상을 말했다고?

2장 두 욕망의 끝없는 순환 237
　○ 성진과 팔선녀의 꿈같은 이야기
　○ 불제자 성진이 유가의 삶을 욕망하다
　○ 대승상 양소유가 불가의 삶을 욕망하다
　○ 육관 대사는 미몽에서 깨어나라 말했다

3장 무엇이 꿈이고, 무엇이 꿈이 아닌가 259
　○ 속고 속임의 프랙탈 구조
　○ 공 사상과 호접지몽
　○ 자기 기억과 자기 망각의 윤회
　○ 진정한 깨달음의 이야기

주요 키워드 281
참고문헌 286

1부

『흥부전』

더 부자가 되고 싶은 놀부와
일하지 않는 흥부의 이항대립 그 너머

『흥부전』은 단순한 이항대립 구도의 이야기가 아니다.

흥부와 놀부 모두 욕망의 화신일 수도 있고 아닐 수도 있다.

어느 한쪽이 반드시 옳기만 한 것도 없고,

어느 한쪽이 반드시 나쁘기만 한 것도 없다.

1

『흥부전』을 둘러싼 3가지 의문

놀부는 흥부에게 과연 재산을 나눠주었을까

『흥부전興夫傳』을 모르는 한국 사람은 아마 거의 없을 것이다. 그런데 정작 이 책을 읽어본 사람은 그리 많지 않다. 서너 장만 넘기면 끝나는 아이들 대상의 그림책 말고 진짜 『흥부전』 원본 말이다. 지금도 그렇지만 예전에도 안 읽었던 것 같다. 그래서 그런지 내가 어릴 적에 이런 소리를 많이 들었다. "놀기만 하면 놀부처럼 욕심쟁이가 되는 거야. 공부를 해야지."

놀지 말란 말도 맞고 공부를 해야 한단 말도 맞지만 어째 좀 이상했다. 놀면 가난해질 수는 있어도 욕심쟁이가 되는 건 아니지 않나 싶었다. "놀부처럼 놀고먹으며 동생 걸 뺏는 게 욕심쟁이지, 그럼 뭐가 욕심쟁이야!" 그럴 듯했다. 고개를 주억거리자 다음 말이 이어졌다. "동생과 사이좋게 지내야 하는 거야. 알았지?" 난 수긍했다. 게으르지 말란 말이나, 형제간에 사이좋게 지내란 말이 조금도 그른 말은 아니지 않은가. 그렇게 끝났다.

하지만 뭔지 모를 찜찜함이 남았다. 나이를 먹은 뒤에도 그 꺼림칙함은 좀처럼 가시지 않았다. 그러던 게 말끔하게 개운해진 것은 『흥부전』 원전을 읽고 나서였다. 놀부는 놀기만 한 게으른 욕심쟁이가 아니었고, 이 책은 형제간의 우애를 말하려고 지은 소설이 아니란 것을 명확히 알았기 때문이다. 대개 『흥부전』 하면 사람들은 즉각적으로 욕심쟁이 형 놀부와 가난한 동생 흥부의 우애에 관한 이야기 먼저 떠올린다. 물론 우애 이야기가 들어 있기는 하다. 하지만 본질적으로 말하자면 『흥부전』은 우애에 관한 이야기가 아니라 인간과 욕심, 현실과 미래, 삶과 비전에 관한 이야기다.

이 소설의 가장 중요한 핵심은 '놀부와 흥부, 둘 다 훌륭하기도 하고 둘 다 문제가 많기도 하다'는 점이다. '놀부는 욕심쟁이이고 흥부는 착한 거 아냐?'라고 생각할 수 있다. 맞다. 하지만 동시에 놀부도 훌륭한 점이 있고, 흥부도 욕심쟁이 문제아였다. 아마도 선뜻 납득하기 어려울 것이다. 욕심쟁이 놀부가 훌륭했고 착한 흥부가 문제가 많았다고 하니 말이다. 이제 하나씩 차근차근 살펴보자.

우선 형 놀부와 동생 흥부가 따로 살았다는 점이 중요하다. 즉, 분가分家를 했다는 점이다. 단순히 보면 놀부는 부모님이 물려주신 재산을 가지고 부자로 잘 먹고 잘사는데, 흥부는 밖으로 쫓겨나 가난하기 이를 데 없는 삶을 살아간다. 자식들도 많은 데다 누우면 문밖으로 다리가 쑥 삐져나갈 정도로 좁은 오막살이 집에서 산다. 한겨울 추위에도 변변한 이불이 없어 오들오들 떨기 일쑤고 끼니도 제대로 못 챙기는 그야말로 궁핍한 생활을 한다. 형 놀부네는 먹을 게 넘쳐나는데 말이다.

누가 봐도 억울하다 못해 참담함에 분노가 치밀 상황이다. 형이 해도 너무한단 말이 절로 나올 법하다. 하지만 형 놀부는 동생 흥부를 집 밖으로 쫓아낸 게 아니라 분가를 시켰다. 다시 말해 총각 흥부를 내동댕이친 게 아니라 결혼한 흥부를 따로 살게 해주었단 뜻이다. 인간은 누구든 가족 안에서 태어나고 부모의 품에서 살다가 결혼하면 그품을 떠나 따로 산다. 인간의 삶은 결혼 이전을 '반생', 이후를 '반생'이라 하며, 그 둘을 합쳐 일생一生이라고 한다. 즉, 결혼해서 부모를 떠나는 게 진정한 일생을 살아가는 것이고 그것이 자기답게 씩씩하게 홀로 서는 삶이다.

이때 부모는 그 자식을 '따로 살도록' 재산을 내어준다. 이것이 '분가'다. 오늘날에도 따로 사는 살림살이 비용 걱정에 결혼이 늦어지는 경우가 많은 것을 보면, 이것이 얼마나 중요한 문제인지 금방 알 수 있다. 흥부는 분가했다. 결혼했기에 홀로 서야 했고, 그래서 독립해 따로 살았다. 아니 따로 살아야 했고 독립해야만 했다. 그것이 인간다움이니 말이다.

『흥부전』은 판소리로도 불리고, 널리 읽히며 퍼진 소설이다 보니 다양한 이본이 존재한다. 그래서 욕심쟁이 형 놀부가 아무것도 내주지 않은 채 동생 흥부를 내쫓았다는 이본이 없지 않다. 사람들 입에서 입으로 전해지는 구비문학처럼 현장의 상황에 따라 구연되는 판소리는 그런 경우가 더더욱 잦다. 이야기의 시작부터 놀부가 못돼먹었다고 비난하며 그의 악행을 죽 늘어놓는다. 그 이유를, 놀부 뱃속이 오장육부五臟六腑가 아니라 '심술보'가 하나 더 붙은 '오장칠부'이기 때문이라고 설명한다. 그런 놀부 심술의 정

젊은 동생 흥부를 쫓아내는 대목이다. 그렇게 놀부는 못된 형으로 형상화되었다.

하지만 『흥부전』의 시작은 단순하지만 명확하다. 부모님은 이미 돌아가시고, 형 놀부는 부자로 살고, 동생 흥부는 가난하게 산다는 점이다. 따로따로 말이다. 이렇게 각기 사는 이유가 욕심쟁이 형이 동생을 쫓아버려서라고 생각하겠지만, 형의 욕심과 상관없이 동생은 결혼하면 따로 분가해 사는 게 당연하다. 결혼도 안 한 총각이 따로 살고 있다면 그것은 집안에서 쫓아내 그렇다고 생각할 수 있지만, 결혼한 남성이 따로 사는 것은 누가 쫓아내고 아니고의 문제가 아니라 원래 그런 것이다.

그러니 이제 냉정하게 질문해보자. '분가할 때 부모의 재산을 형 놀부가 다 갖고 동생 흥부에게는 하나도 주지 않았을까?' 많은 독자들이 흥부는 재산을 한 푼도 못 받고 쫓겨난 것으로 짐작하겠지만 사실 흥부에게도 재산을 나눠주었다. 작품 속에 흥부에게 재산을 나눠주었다는 말이 직접적으로 드러나 있지는 않지만, 흥부는 본가에서 분가할 당시 한밑천을 가지고 나왔다. 물론 그 재산은 '자신의 것'으로, 바로 부모님의 유산이다.

앞서 말했듯이 『흥부전』은 부모님이 돌아가신 상황에

서부터 이야기가 시작된다. 그러니 흥부는 이미 부모의 재산을 상속받은 상태다. 조선시대에는 결혼을 했든 안 했든 부모의 재산을 자식들에게 동등하게 나눠주었다. 남자, 여자 차별 없이 똑같이 말이다. 요즘 말로 n분의 1씩 나눠주었는데, 심지어 시집간 딸에게도 나눠주었다. 조선시대 내내 남녀균분상속男女均分相續이 법적으로나 관습적으로 확립되어 있었다.

그러다가 유산을 장남이 더 많이 갖게 된 것은 19세기 이후부터 나타난 변화된 상황이다. 종법제宗法制가 강화되면서 장남에게 더 많은 유산을 배분했다. 가문을 유지하고 제사를 모시는 것을 고려해 5분의 1을 더 갖는 정도였는데, 이때도 반드시 다른 자식들에게 재산을 분배했다. 그러니 흥부가 땡전 한 푼 없이 집을 나왔을 가능성은 없다. 물론 놀부의 심보가 워낙 고약해 흥부에게 재산을 하나도 주지 않고 모조리 자기가 가졌을 수도 있다. 확실히 그렇게 말하는 『흥부전』이 있다.

경상도와 전라도 경계에 사는 사람이 있었는데 놀부는 형이고 흥부는 동생이었다. 놀부는 마음 씀씀이가 나빠서 부모 생전에 나눈 재산 전답을 홀로 차지하고 어진

동생 흥부를 구박하여 맞은편 산 밑으로 쫓아버리고는,
집을 들락거리며 조롱하고 비아냥거렸다.

—『흥부전』경판 25장본

부모의 재산이 얼마나 많았는지는 모르겠으나 부모가
생전에 나눠준 재산을 모두 독차지하고는 동생을 쫓아냈
다는 것이다. 경판본京板本은 나무판에 판화처럼 새겨 찍어
낸 소설로 판매로 이득을 보려는 경제적 목적이 우선이기
에 내용이 대부분 소략하다. 내용이 길면 나무판을 비롯해
인쇄 비용이 올라가기 때문이다. 그래서 '경판 25장본'만
으로는 이때 흥부가 결혼했는지 안 했는지도 알 수 없고,
왜 쫓아냈는지도 제대로 알 수 없다.

판소리는 말로 구연하는 것이기에 상대적으로 분량에
자유롭고 당대 사람들의 마음을 반영하기 쉬웠다. 현장의
감정에 따라 이렇게 저렇게 내용을 덧붙이기도 하고 빼기
도 하는 게 가능했기 때문이다. 현장에서 불리고 사라지던
당대 판소리를 정리해 기록한 신재효申在孝(1812~1884)의
『박타령』을 보면, 앞서 부족했던 상황을 잘 알 수 있다. 군
자의 나라인 우리 조선에 못된 놀부가 난리를 친다며, 놀부
의 심술을 한참 서술한 후 흥부를 쫓아내며 이렇게 말한다.

"흥보야 듣거라. 사람이라 하는 것이 믿는 데가 있으면 아무 일도 안 되는 법이다. 너도 나이를 먹었고, 부인도 있고 자식도 있는 놈이면서 사람 사는 것이 어려운 줄은 조금도 모르고서 나 하나만 바라보고 놀고먹으니, 내 이제 그 꼴을 더 이상 못 보겠다. 부모의 재산이 아무리 많아도 장손의 차지인데, 하물며 이 세간은 나 혼자 장만했으니 네 것이 아니다. 이제 네 처자를 데리고 어서 멀리 떠나거라. 만일 지체하면 내 손에 죽을 줄 알아라. 썩 꺼져라."

―『박타령』신재효본

여기서 '부모의 재산이 아무리 많아도 장손의 차지'라는 놀부의 말은 틀렸다. 앞서 말했듯이 반드시 동생에게도 나눠주어야 한다. 그것을 하나도 나눠주지 않고 쫓아내는 것은 당연히 옳지 않다. '놀부가 워낙 못된 놈이니 그냥 쫓아냈겠지'라며 단정하기 전에 놀부가 한 말을 고민해보자.

'부모의 유산이 많지 않았다'는 것과 '지금 재산은 놀부 자신이 모두 일군 것', 그리고 비록 놀부의 시각이긴 하지만 '흥부가 놀고먹기만 하며 형을 의지해 살고 있다'는 언급은 많은 것을 함축하고 있다. 이를 바탕으로 '부모의 재산이 아무리 많아도 장손의 차지'라는 부분을 다시 살펴보면 놀부의 말이 조금 달리 들린다. '부모의 유산이 적었다'면 흥부는 물론 놀부도 물려받은 게 적었을 텐데, 놀부는 부자가 되었고 흥부는 그렇지 못했다. 지금 살고 있는 큰집은 형이 적장자이기에 부모에게서 물려받은 게 아니라 '형 놀부가 열심히 일해서' 키운 집이다. 그 집에 결혼해서 처와 자식이 있는 '흥부가 형만 의지하고 바라보며 (얹혀) 살고 있는 것'이다.

앞서 말했듯이 조선 후기 종법제가 강화되면서 제사를 모시는 적장자는 n분의 1 외에 5분의 1을 더 받았다. 가문을 유지하고 제사를 받들라는 의미였다. 즉, 평생 제사를 모시는 비용으로 조금 더 받고 문중을 책임져야 하는 게 놀부의 역할이었다. 그가 부모로부터 무엇을 얼마나 받았는지는 확실치 않으나, 동생 흥부보다 더 받았든, 동등하게 n분의 1을 받았든 간에 놀부는 부자가 되었고 흥부는 그렇지 못했다. 대체 무슨 일이 있었기에 한 명은 부자가 되고 한 명은 가난뱅이가 되었을까?

답은 이렇다. 놀부가 심술을 부릴 정도로 뭔가를 열심히 해대면서 부자가 되었다면, 흥부는 착한(?) 마음에 뭔가를 열심히 했기 때문에 가난해졌다.

신재효본 『박타령』에서는 흥부의 마음씨가 형 놀부와 아주 달라 부모에게 효도하고 어른을 존경하며 주변 이웃들 간에 화목하며 친구들 사이에 신의가 두터웠다고 말한다. 그야말로 이런 훌륭한 사람이 어디 있나 싶을 정도다. 하지만 장황하게 나열하는 흥부의 선행을 듣고 있자면 조금 난감해진다.

굶주려 죽게 된 사람에게는 먹던 밥을 덜어주고, 추위에 얼고 병든 사람에게는 입고 있던 옷을 벗어주고, 노인이 짐을 지고 가면 자청해서 대신 짊어지고, 장마통에 강을 건너는 사람이 있으면 삯도 안 받고 강을 건네주고, 남의 집에 불이 나면 달려가 그 집 세간살이를 대신 지켜주고, 길에 돈이나 패물이 떨어져 있으면 옆에 지키고 섰다가 임자가 찾아오면 돌려주고, 깊은 산속에서 시신의 백골을 보면 땅을 깊이 파서 대신 묻어주고, 수절하는 과부를 보쌈하는 자들이 있으면 쫓아가서 뺏어오고, 어진 사람을 누군가 모함하면 대신 나서서 변명해주고, 딱한 사정의 사람이 횡액을 만나서 고생하면 달려가 도와주고, 길 잃은 어린아이가 있으면 그 부모를 찾아주고, 주막에서 병든 여행객을 보면 그 사람 본가에 소식

을 기별하는 등 …… 이렇게 남의 일만 하느라고 한 푼
돈도 못 버니, 놀부가 오죽 미워하겠는가.

—『박타령』신재효본

한마디로 흥부는 남 좋은 일만 하느라 돈 한 푼을 벌지
않았단 소리다. 게다가 그가 하는 일은 죄다 시간과 돈이
드는 일로 결국 남들에게 자기 돈을 아낌없이 내주었던 거
다. 흥부가 유산을 얼마나 받았는지는 모르지만, 부모가 부
자가 아니었으니 그리 많지는 않았을 것이다. 설령 많이
받았다 해도 이런 식으로 살아서는 수만금이 있어도 버텨
낼 재간이 없다. 한마디로 흥부는 일은 하지 않고 사람 좋
은 노릇만 하며 지냈단 소리다.

결혼하면 분가해야 하지만 흥부가 형 놀부네 집에 꼭 붙
어산 것도 이 때문이다. 일해서 먹고살 궁리를 하기보다
그냥 사람 좋은 짓만 하고 돌아다녔으니 먹고살 일이 막막
했다. 그러니 결혼해서 처도 있고 자식도 있는 가장이 형
집에서 기생한 것이다. 놀부가 흥부에게 "너도 나이를 먹
었고 부인도 있고 자식도 있는 놈이 사람 사는 것이 어려
운 줄은 조금도 모르고서 나 하나만 바라보고 놀고먹으니,
내 이제 그 꼴을 더 이상 못 보겠다"며 역정을 낼 만하다.

이런 놀부를 꼭 나쁘다고 할 수 있을까? 형제끼리 너무한다고 할 수 있을까? 한번 곰곰이 생각해볼 일이다.

흥부는 왜 일하지 않았을까

우리가 『흥부전』을 떠올릴 때 가장 많이 기억하는 장면이 몇 있다. 자식들이 쫄쫄이 굶고 있자 흥부가 형 놀부 집으로 밥을 얻으러 갔다가 형수에게 밥주걱으로 뺨을 얻어맞고 돌아오자 부인이 너무 배가 고픈 나머지 흥부의 뺨에 붙은 밥풀을 떼어먹는 장면이다.

또 하나는 흥부가 너무 먹고살기 힘들어 관가에 가서 대신 매를 맞아주는 '아르바이트'를 하는 장면이다. 실제 그런 아르바이트가 있었느냐며 의아해하는 분들이 많을 텐데, 실제 그 당시에 대신 매를 맞아주는 매품팔이가 존재했다. 예를 들어 벼슬이 높은 양반이 잘못을 해 죗값으로 매를 맞아야 하는 경우 자신의 품위와 입장을 고려해 자기 대신 매를 맞을 사람을 돈을 주고 고용했다. 형벌로 말하자면 신체형을 재산형으로 해결한 셈이다. 그런 관습이 있다 보니 흥부가 대신 매를 맞고 돈을 벌 수 있었다.

몇 대 맞고 돈을 버는 거면 괜찮지 않냐고 쉽게 생각할 수도 있다. 하지만 그렇지 않다. 형벌로 매를 맞는다는 것은 곤장을 맞는다는 것으로, 사극에 흔히 등장하는 장면이기에 대충 알고 있을 것이다. 죄를 지은 사람을 나무 틀 위나 땅 위에 열십자로 엎드리게 한 뒤 움직이지 못하도록 묶어놓고 배를 젓는 노처럼 생긴 기다란 나무막대로 사정없이 엉덩이를 내리친다.

이때 여자의 경우에는 옷 위로 때렸지만 남자의 경우에는 옷을 벗겨 엉덩이가 드러나게 한 뒤 때렸다. 창피를 주려는 의도도 있지만 그보다는 맨살에 때려야 그 고통이 더 크게 느껴지기 때문이다. 맨살에 곤장 한 대만 맞아도 순식간에 살이 부풀어 오른다. 더군다나 물 먹인 나무로 때리니 맞을 때의 고통은 이루 말할 수 없을 정도여서 두세 대 정도 맞으면 피부가 다 터지고 살점이 뜯겨나간다. 실제로 곤장을 2, 30대 맞으면 몇 달을 앓기도 했고, 평생 못 걸어 다니게 되는 경우도 있었다. 50대 이상이면 자칫 맞다가 죽는 경우도 발생했다. 그래서 곤장은 80대를 넘기지 않도록 규제하기도 했다. 그렇지 않으면 신체형이 아니라 사형이 되기 때문이다. 또한 형벌로 곤장 80대가 선고되어도 하루 동안 80대를 전부 때리지 않고 며칠에 나눠 때렸다. 죽이는 게 목적이 아니기 때문이다.

이렇게 매품을 판다는 것은 단순히 공사장에 가서 막노동을 하는 아르바이트와는 그 차원이 다르다. 사극에서 흔하게 보니 간단해 보일 수 있지만, 곤장을 맞는다는 것은 곧 목숨을 거는 행위였다. 먹고살기 위해 더 이상 해볼 수 있는 다른 뭔가가 없을 때 최후의 수단으로 목숨 걸고 선택하는 일이 매품 파는 일이다.

『청구야담靑邱野談』이라는 옛이야기를 모아놓은 책에 보면 매를 맞다 죽은 남편 이야기가 등장한다. 이 사람도 집이 너무너무 가난해 흥부처럼 대신 매를 맞아 돈을 벌었다. 한번 매를 맞으면 그 정도가 심해 며칠은 쉬어야 했다. 하루는 매를 맞고 왔는데 탐욕스럽기 이를 데 없는 부인이 남편을 살살 꾀어 이번에도 좋은 건수가 있으니 다른 사람한테 뺏기기 전에 당신이 먼저 가서 매를 맞고 오라고 부추겼다. 부인의 성화에 못 이겨 또다시 매를 맞으러 간 남편이 매를 맞다가 결국 죽고 말았다는 이야기다.

그러니 『흥부전』을 상대로 우리가 던져야 할 두 번째 질문은 '흥부는 왜 일을 하지 않았을까?' 하는 것이다. 목숨을 걸어야 할 정도로 위험하게 매를 맞느니 차라리 무슨 일이라도 해서 돈을 버는 게 낫지 않았을까? 양반 체면 때문에 쉽게 다른 일을 하기 어려웠을 거라고 이해할 수도 있지만, 그렇게 따진다면 매를 맞는 일은 양반 체면에 더더욱 하기 힘든 일이었다.

『흥부전』의 시대적 배경은 18세기 후반에서 19세기쯤이다. 그 시대에 양반은 사실 이름만 양반이지 벼슬을 하지 못하면 달리 돈을 벌 방법이 없어 궁핍하게 사는 경우가 허다했다. 부모로부터 물려받은 재산도 다 써버리고 나면 몰락에 몰락을 거듭하며 비참한 신세로 전락하는 경우가 많았다.

'양반이면 뭐해. 정신 차리고 뭐라도 해서 먹고살자!' 하는 생각을 갖고 있는 사람들은 그래도 어떻게든 일을 해 먹고살았다. 그런데 흥부는 그 어떤 일도 하지 않고 겨우 선택한 게 매품을 팔아 돈을 버는 것이었다. 양반으로서의 체면을 따지자면 매품을 파는 일이 그 어떤 일보다 훨씬 더 비참했을 텐데도 흥부는 매를 맞는 일을 선택했다. 대체 왜?

남의 집에 가서 일을 해주는 머슴살이도 할 수 있었다. 종이 되는 게 아니라 고용인이 되어 일용직 아르바이트를 하는 것 말이다. 매품보다는 덜 수치스럽고 덜 괴롭고 덜 위험하다. 하지만 그는 그러지 않았다. 매품은 한 방이면 끝나지만 머슴 노릇은 받는 것에 비해 너무 길고 지루해서 그랬을까?

양반의 자식이니 글줄은 대충 알 것이고, 그러면 아이들을 모아놓고 훈장 노릇을 해도 된다. 이래저래 이 지역에서 선대부터 살았으니 안면도 있고 인연도 있다. 그러니 아이들이 들고 오는 월사금으로 근근이 살 수도 있고, 매품보다는 훨씬 더 낫다. 하지만 흥부는 그러지 않았다. 혹시 그러지 않은 게 아니라 그러지 못한 것은 아니었을까?

어떻든 흥부의 현실은 매품에 몸을 맡겼다. 위험부담이 있지만 화끈한 한 방이 있는 일을 선택한 것이다. 얼핏 그의 속마음이 보이는 것 같기도 하다.

흥부의 자식들은 무엇을 했을까

흥부는 요즘 같은 저출산 시대에 나라에서 상을 줘도 부족할 정도로 많은 자식을 낳았다. 그 수가 너무 많아 헤아리기 어려울 정도다. 반면에 '놀부가 자식이 있었나?' 하고 의문을 가질 정도로 놀부 자식에 대해서는 언급이 없다. 이야기의 흐름상 놀부의 자식이 몇인지는 중요하지 않고 흥부의 자식이 많다는 게 중요하다는 의미다.

흥부의 자식은 이야기의 이본에 따라 다른데 어떤 이본에서는 여덟 명, 어떤 이본에서는 열 명, 어떤 이본에서는 여섯 명인 경우도 있다. 인간이 보통 임신하고 출산을 하기까지 1년이 걸리니 자식이 열 명이면 최소 10년 동안 해마다 애를 낳았다는 이야기다. 바꿔 말하면 막내를 낳았을 때 큰아이가 최소 열 살이 넘었다는 뜻이다.

그 당시 열 살은 지금 열 살과는 비교할 수 없을 정도의 노동력을 가지고 있었다. 게다가 흥부가 매년 애를 낳은 게 아니라면 큰애의 나이는 열 살보다 훨씬 더 많았을 테고, 그렇다면 아이들은 훨씬 더 큰 노동력을 가지고 있었을 것이다. 대여섯 살만 되어도 농사일을 돕던 시대가 그리 오래전도 아니다. 모내기나 추수처럼 일손이 부족한 농번기農繁期 때는 당시 국민학교(초등학교)도 휴교했다. 집안일을 도우라는 의미였다. 1970~80년대를 살아온 분들이라면 대번에 고개를 끄덕일 것이다. 농촌에서 아이들은 단순히 아이들이 아니라는 것을 말이다.

이제 너무나도 당연한 물음이 떠오른다. 아버지 흥부는 그렇다 치자. 형네 집으로 구걸을 가고 매품이나 팔았다 치자. 그런데 대체 그 많은 흥부의 아이들은 무슨 일을 했을까? 정답은 '그들은 아무 일도 하지 않았다'이다. 흥부의 그 많은 아이들은 그냥 있었다. 글공부를 하지도 않았고, 농사를 짓지도 않았고, 품을 팔아 돈을 벌지도 않았다. 그들이 하는 일이라곤 그냥 집 안에 옹기종기 모여 앉아 아버지 흥부를 상대로 밥 타령, 먹을 것 타령이나 하며 괴롭히는 게 전부였다. 한두 살짜리는 그럴 수 있지만 열댓 살 먹은 자식들까지 그랬다는 게 문제다. 그때는 열여섯이 결혼 적령기여서 열댓 살만 되면 시집가고 장가가던 시절이었다. 그런데 몸뚱이 다 큰 아이들이 집에 들어앉아 밥 타령만 하고 있었던 것이다. 더 먹고 싶어서가 아니라 먹을 게 없어 굶주리면서도 그러고만 있었다.

뭔가 많이 이상하고 뭔가 많이 비뚤어져 있는 상황이다. 이들은 대체 왜 일을 하지 않았을까? 가난과 굶주림의 엄습을 눈앞에서 보고도 단지 징징대며 보채는 것으로 일관했을까? 여러 원인이 있겠지만 분명한 하나는 그들이 보고 배운 게 단지 그뿐이기 때문이다. '어른은 아이의 거울'이란 진부한 표현을 빌리지 않더라도, 태어나서 보고 듣고 자란 게 아버지가 비루먹은 말처럼 비실비실 다니며 빌어먹고 매품이나 파는 게 전부라면 그 자식들은 무슨 생각을 하며 성장했을까? 잘은 몰라도 뭔가 진취적이고 적극적인 사고를 하기가 상당히 어려웠을 것만은 분명하다.

홍부는 집에 돌아와서도 늘 하는 말이 푸념이었을 것이다. 가난과 굶주림의 이유를 핑계와 한탄으로 치부해버렸을 것이다. 그 푸념이 아이들의 호흡이 되어 아이들에게 들어박혔고 그 아이들은 홍부처럼 되었다. 매품을 팔기엔 아직 어려 받아주지도 않고, 아직 아버지가 먹을 걸 가져오니 빌어먹으러 가지 않아도 되는 대충 그런 상황이다. 그러니 울음과 가난 탄식으로 길고 긴 시간을 때울 뿐이었다. 진실은 이랬던 것이다.

지금까지 『홍부전』을 상대로 세 가지 질문을 던져보았다. '놀부는 홍부에게 재산을 나눠주었을까?', '홍부는 왜 일하지 않았을까?', '홍부 자식들은 왜 아무것도 하지 않았을까?' 이 세 가지 질문은 『홍부전』을 파헤쳐보는 가장 중요한 키워드다. 이제 본격적으로 그 이야기의 본질 속으로 들어가보자.

2

『흥부전』은
우애 이야기가 아니다

놀부의 욕심은 나쁘기만 할까

앞에서 잠시 언급했듯이 『흥부전』은 우애 이야기가 아니다. 이 소설의 핵심은 욕심에 관한 이야기다. 하지만 우리가 흔히 생각하는 '놀부의 욕심'이 전부는 아니다. 이 이야기는 두 가지 욕심을 보여준다.

첫째는 당연히 놀부의 욕심이다. 놀부는 이미 부자다. 그런데도 그는 돈을 더 많이 불리기 위해 혈안이 되어 있다. 그는 계속해서 재산을 늘리는 일에만 몰두한다. 가난한 동생 흥부를 도와주지 않는 것에 눈살이 찌푸려지는 이유도 이 때문이다. 낭비할 수 없다는 생각과 더 가지려는 마음이 한도 끝도 없이 이어지기에 놀부는 욕심의 대명사가 되었다.

놀부가 욕심쟁이인 것은 분명하다. 하지만 '욕심'이란 것을 쉽게 규정하기 어렵다. 뭔가 더 잘하려는 것이나 조금이라도 나아지려는 것까지 욕심으로 치부하면 곤란하다. "내가 좋은 대학에 진학하면 다른 사람이 떨어질 거야. 그러니 대학에 가지 말자." 이렇게 말하는 학생이 있다면 뭐라고 할 것인가? 농담 같지만 실제로 이런 문제로 진지하게 고민한 학생이 있었다. 너무 착하고 순진한 그의 마음에 나는 이렇게 파문을 던질 수밖에 없었다. "그렇게 착한 마음이 오히려 욕심이야."

어려운 답이었다. 착하게 살려는 마음은 나쁘지 않지만 자신의 정체성과 주체성을 버리면서까지 착하고자 하는 마음은 당연히 자신에게 해가 될 뿐만 아니라 궁극적으로 욕심이 되기 때문이다. 우리는 인간이지 신이 아니다. 신이나 세상 모든 곳에 평화와 행복을 줄 수 있지 인간인 우리는 아니다. 그 학생은 욕심慾心과 욕망欲望을 구분하지 못한 것이다. 숨은 쉬어야 산다. 그래야 내가 살고 그래야 내가 있다. 그런데 숨 쉬는 산소가 아까워 자기 코를 막는다면 그건 좀 많이 이상하다. 숨 쉬고 먹고 자고 살고자 하는 모든 게 인간의 욕망이다. 너무나 자연스러운 자신의 자신다움이다. 이것을 훼손하면서까지 남을 돕겠다는 사람은 광신자 아니면 사기꾼, 둘 중 하나다. 테레사 수녀님Mother Teresa(1910~1997)도 당연히 식사는 했다. 먹어야 살고, 살아야 자신이 뜻한 대로 남을 도울 수 있지 않은가 말이다.

욕심은 욕망을 넘어 자신과 남의 인간다움을 해치면서까지 뭔가를 더 하려는 행동이다. 남들을 해코지하면서까지 사리사욕을 채우는 것처럼 타인의 인간다움을 해치는 것은 쉽게 욕심으로 판별되나, 정작 자신의 인간다움을 해치는 것은 남들은 물론이고 스스로도 욕심인지 아닌지 판별하기 쉽지 않다. 그러니 부자가 되려는 행동을 무조건 많이 가지려는 욕심인지, 아니면 욕망인지 잘 따져보아야 한다.

사실 재물이란 것은 아무 일도 하지 않고 쓰기만 하면 당연히 점점 줄어들 수밖에 없다. 놀부는 자기 재산을 불리려고 농사도 짓고 땅도 관리하는 등 이것저것 끝없이 일을 했다. 그래서 재산이 줄어들지 않았다. 자기 재산을 지키기 위해 노력한 것을 욕심이라고 말하기는 어렵다. 센 물살에 떠내려가지 않으려면 쉼 없이 팔다리를 휘저어 헤

엄을 쳐야 하는 것과 같은 이치다. 가만히 있으면 급류에 휩쓸려 떠내려가고 만다.

사업을 해본 분들이라면 쉽게 이해할 것이다. 아무 일도 않고 가만히 있으면 사업은 망할 수밖에 없다. 눈에 띄지 않더라도 끊임없이 고민하고 뭔가를 새롭게 하려는 노력이 있어야만 겨우 현상 유지가 가능하다. '겨우 현상 유지나 하려고 사업을 해?'라고 쉽게 말할 수 있겠지만 사실 그렇게만 해도 엄청난 것이다. 그렇게 유지하며 힘을 키워야 때가 무르익은 순간 치고 나갈 수 있으니 말이다.

놀부의 행동이 남들 눈에는 철저하게 사리사욕을 챙기며 재산을 불리려는 과도한 욕심으로 보일 수 있지만, 그의 이런 삶의 방식을 마냥 욕심쟁이로 치부할 수만은 없다. 하지만 놀부가 욕심쟁이인 것은 맞다. 늘 그렇듯이 사람은 자기 자신을 제대로 모르기에 놀부 본인은 자신이 욕심쟁이라는 사실을 절대 인정하지 않겠지만 그는 욕심쟁이가 맞다. 과도한 욕심에 스스로를 망각한 채 주변을 잡아먹고 심지어 자기 자신까지 잡아먹고 마는 짓을 서슴없이 벌인 것을 보면 그렇다. 그는 열심히 일하는 것을 넘어 누가 봐도 눈살을 찌푸릴 짓을 버젓이 자행한다. 욕망이 욕심의 심술이 되고 만 것이다.

남의 선산에 몰래 장례 치르고, 지나가는 과객을 재울 듯이 붙들었다가 해가 지면 내쫓고, 일 년 동안 농사일에 부려먹은 머슴들을 추수 끝나면 품삯도 안 주고 옷까지 벗겨내 쫓아내고, 초상집에 가서 노래하고, … 불난 집에 부채질하고, … 외상으로 술 먹고 안 먹었다고 억지 쓰고, 눈먼 사람 의복에 똥칠하고, … 애 밴 여자 배를 차고, 우는 아이 입에 똥을 넣고, … 만만한 사람 뺨을 때리고, 고단하게 사는 사람 험담하고….

―『박타령』신재효본

뭐, 이쯤 되면 망나니 정도가 아니라 당장 관가에 집어넣어야 할 범죄자다. 물론 본인은 극구 아니라고 하겠지만 인성이 파탄 난 것이다. 대표적인 사례가 제비 다리를 고쳐주고 부자가 된 흥부 사연을 듣고 일부러 제비 다리를 뽀각 부러뜨린 대목이다. 누가 봐도 참혹하다 못해 과도하고 과격하다. 그런 짓을 저지르면 누구라도 제비가 복덩이 박이 아니라 혹덩이 박을 물어올 것 같은 생각이 들지만, 놀부만은 그렇지 않았다. 잘 알다시피 박을 탈 때마다 온갖 재앙이 쏟아지는데 놀부만 철석같이 믿었다. '다음 박에는 분명 금은보화 복덩이가 쏟아질 거야'라고 말이다.

자신이 한 일은 아예 기억도 못하고 완전히 편향된 생각에 스스로 갇혀버린 것이다. 인지부조화Cognitive dissonance도 이 정도면 중증이다.

놀부의 문제는 이렇게 현상 유지를 넘어 세상 좋은 것은 전부 자기가 가져야 한다고 생각하고, 또 그렇게 행동한 데 있다. 부자가 된 흥부 집에 간 놀부는 화초 무늬가 아로새겨진 화초장花草匠을 보게 되는데, 그 안에는 흥부가 넣어둔 엽전이 가득했다. 뭐든 가지고 싶은 게 있으면 가져가란 말에, 놀부는 대뜸 "그럼 이 화초장을 다오"라고 요구했다. 이미 부자이나 더 큰 부자가 되고 싶은 욕심에 휩싸인 놀부는 엽전이 가득 찬 그 화초장이 몹시 탐이 났다.

몸소 그 화초장을 지고 가려는 놀부에게 흥부가 "형님, 제가 종들 시켜 형님 댁에 보내드릴게요"라고 말했지만, 욕심에 몸이 단 놀부는 "아니다! 내가 가져가겠다!"며 막무가내로 화초장을 짊어지려 했다. 다른 사람이 가져갈까 봐 불안했던 것이다. "아, 형님! 그러다 다치시기라도 하면 어쩌시려고!"하며 흥부가 만류해도 놀부는 기어코 자기가 지고 가겠다며 고집을 피웠다. 엽전이 가득 든 화초장은 이만저만 무거운 게 아니었지만, 돈을 가질 생각에 잔뜩 신이 난 놀부는 누구에게 빼앗길세라 화초장을 짊어지고 낑낑거리며 집으로 가져갔다.

집에 돌아온 놀부는 부인에게 자기가 흥부 집에서 고생고생하며 이 무거운 화초장을 지고 왔다고 자랑스레 말했다. 그러자 부인이 "그 안에 대체 뭐가 있어요?" 하고 묻자, 놀부는 "뭐기는 엽전이지!" 하며 화초장을 열었다. 그런데 웬걸! 화초장 안에는 돈이 아니라 구렁이가 똬리를 틀고 앉아 혀를 날름거리고 있는 게 아닌가. 화가 난 놀부는 흥부를 상대로 욕을 하며 구렁이가 든 화초장을 다시 흥부집으로 가져갔다. 놀부가 삿대질하며 욕을 한바탕 해대자, 흥부가 그럴 리 없다고 "형님, 아까 보시지 않으셨어요?"라며 화초장을 활짝 열어보니 구렁이가 아니라 엽전이 그대로 들어 있었다.

이야기 이본에 따라 이렇게 한 번으로 그치기도 하고 여러 번 자기 집으로 가져가기도 하는데, 어떻든 놀부 집에서는 엽전이 구렁이가 되고 만다. 무척이나 상징적이다. 돈자체는 좋고 나쁨이 없지만 누가 지니고 있느냐에 따라 좋고 나쁨이 결정된다는 의미다. 또한 재물이란 필요한 것이지만 자칫 과도한 욕심은 오히려 재물에 먹혀버릴 수도 있다는 의미다. 돈이 자신까지 꿀꺽 삼킬 구렁이가 되었으니 말이다.

욕망과 욕심의 화초장

예나 지금이나 돈을 많이 벌고 싶고 많은 재산을 소유하고
싶은 사람의 욕망은 다르지 않다. 거듭 말하지만 그게 나
쁜 것은 아니다. 다만 저도 모르는 사이에 욕망이 넘쳐 욕
심이 되어버릴 수 있는데, 심각한 문제는 그 위험을 본인
이 잘 알기 어렵다는 데 있다.

먹어야 산다. 당연히 먹는 행위는 나쁜 게 아니다. 하지
만 무한정 먹을 수는 없다. 우리가 하루에 먹을 수 있는 양
은 정해져 있다. 보통 세 끼다. 건강하고 소화력이 뛰어나
다면 한 대여섯 끼 정도도 먹을 수 있을 것이다. 하지만 딱
거기까지다. 아무리 돈이 많아도 하루에 50끼, 100끼를 먹
을 수는 없다. 한 끼에 먹는 양도 마찬가지다. 사람마다 차
이가 있지만 결국 일정한 양이 있다. 무한정은 아니다, 인
간이라면 말이다.

입는 옷도 그렇다. 예쁘고 멋진 옷을 많이 가지고 있어
도 우리가 한 번에 입을 수 있는 옷은 한 벌뿐이다. 동시에
몇 벌의 옷을 입을 수는 없다. 좋은 집을 여러 채 가지고
있어도 몸이 하나인 우리가 잠을 잘 수 있는 곳은 역시 단
한 곳뿐이다. 고급 차를 수십 대 가지고 있어도 한 번 움

직일 때 탈 수 있는 차는 오직 한 대뿐인 것도 마찬가지다. 인간이기 때문이다.

인간이란 일정한 한계와 범위로 한정된 존재다. 그렇기에 인간이 소유하고 사용할 수 있는 범위가 정해져 있다. 무한정은 없다. 불가능하다. 그런데 그것을 인간이란 동물은 종종 잊고 종종 외면하고 종종 부인한다. 욕심 때문이다.

열심히 일해 재산을 늘리고 좋은 것을 누리려는 욕망은 자연스럽다. 그러기 위해 더 열심히 더 많은 일을 하려는 것은 지극히 자연스럽지만 자칫 그 욕망에 사로잡히면 욕심의 화신이 되고 만다. 심술보가 튀어나온 놀부처럼 변신할 수도 있다. 모두 본질을 잊기에 빚어지는 현상이고 문제다. 자신이 왜 재산을 늘리려고 했는지, 가난을 물려받아 이렇게는 살지 말자는 초심을 잊어버릴 정도로 돈을 버는 것 자체가 목적이 되어버린 결과다. 수단이어야 하는 돈이 목적이 되어버린 것이다. 돈을 쓰는 게 아니라 돈을 쌓아두는 게 목적이 되어, 재산을 불려 행복하게 살려는 게 아니라 재산을 불리는 행위로 행복해지려는 이상한 심리가 마음속에 똬리를 틀고 들어앉은 것이다.

사실 열심히 일해 돈을 벌었으면 그 돈으로 재미있는 취

미생활도 하고 가족이나 친구들과 여행도 가고 부모님께 효도도 하고 불쌍한 사람도 도우면 좋다. 그것이 인간의 자연스러운 마음이자 돈을 버는 이유다. 그런데 자꾸 욕심을 부리다 보면 사람들은 자기가 대체 왜 욕심을 부리는지조차 잊어버리게 된다. 놀부가 고생스럽게 짊어지고 온 화초장에 든 귀중한 '돈'이 '구렁이'가 되어버리는 것이다. 딴곳에서는 돈인데 놀부에게만 구렁이인 것은 돈이 문제가 아니라 놀부가 문제라는 것을 역설한다.

행복하고자, 부자로 살고자 돈을 열심히 번 놀부는 어느 순간 욕심에 사로잡혔다. 하지만 몰랐다. 심술이라고 남들이 욕하고 손가락질해도 몰랐다. 가난하고 게으른 것들의 공연한 시샘과 투정이라고 치부했다. 더 열심히 더 악착같이 돈을 모으는 데 골몰하며 점점 인간이면 할 수 없는 짓까지 서슴지 않고 벌였지만 자신만 몰랐다. 그토록 애지중지하는 돈이 구렁이가 되어 자신을 집어삼키고 있단 사실을 놀부만 까맣게 몰랐다.

뜬금없는 소리 같지만 부자는 괴롭다. 많이 가지면 많이 가진 만큼 괴로움에 시달릴 가능성이 더 커진다. 돈이 많다 보니 그 돈을 관리하는 데 많은 시간을 할애해야 한다. 돈이 적당하게 있으면 관리하는 데 크게 시간을 들일 필요도 없고, 그 시간에 자신이 하고 싶은 것을 하며 살 수 있지만 생각보다 돈의 액수가 커지면 그것을 지키기 위해 하루 종일 신경을 곤두세워야 한다. 누가 내 돈을 빼앗아 가지는 않을까? 저 사람이 나를 상대로 사기를 치려는 것은 아닐까? 이런 생각들이 끊임없이 자신을 불안하게 만들어 심지어 가족의 언행 하나하나에도 촉각을 곤두세우며 의심하게 된다. 별말 아닌 것도 내 돈을 뜯어 가려는 심산으로 보이기 때문이다.

사실 나처럼 가진 게 많지 않은 사람들은 평생 그런 것에 신경 쓰며 살 필요가 없다. 그럭저럭 살면 그것으로 감사할 따름이다. 물론 돈이 없는 게 무조건 좋다는 의미는 아니다. 『흥부전』에서 말하고자 하는 의미는 바로 이것이다. 부자가 되고 싶은 마음이 나쁜 게 아니고, 욕망을 갖는 게 문제가 아니라, 어느 순간 그 욕망에 잠식당해 내가 아닌 그 욕심이 나를 지배하게 되는 게 문제다.

우리가 사는 이유는 돈을 위한 삶이 아니라 나 자신을 위한 삶인데 그것을 망각하고 뒤틀린 삶을 살아가기도 한다. 머리로는 쉽게 이해하지만 막상 현실에 부딪치면 자신도 모르는 사이에 돈의 욕망과 욕심에 휩싸여 이리저리 끌려다닌다. 놀부만 그런 게 아니라 우리도 그럴 수 있다. 어쩌면 이미 그러고 있는지도 모른다. 어디선가 화초장 하나를 가져다 놓고, 무서워서 차마 열어보지도 못하는 거다. '혹시 구렁이로 변해 있으면 어쩌지?', '그렇다면 이 귀한 화초장을 내다 버려야 하나?' 그러면서 아름다운 화초장을 근심덩어리처럼 끌어안고 있지는 않은지 한번 생각해볼 문제다.

흥부도 욕심이 있었다

『흥부전』을 우애 이야기로 해석해서 '그렇게 부자면 동생 좀 도와줘야 하는 거 아니냐'고 말하는 분들이 있지만, 누군가를 돕는다는 게 그리 간단한 일이 아니다. 욕심 이야기를 보여주는 『흥부전』의 두 번째 욕심쟁이는 바로 흥부다. 이미 충분히 가지고 있으면서도 늘 더 가지고 싶어 하는 놀부의 욕심 못지않게 흥부도 욕심꾸러기였다. 찢어지게 가난한 흥부를 욕심꾸러기라고 하니 놀랄 수 있다. 하지만 생각해보라. 돈이 없다고 해서, 가난하다고 해서 과연 욕심도 없을까? 그렇지 않다. 다만 겉으로 드러나지 않을 뿐, 흥부도 지독한 욕심쟁이였다.

일단 흥부가 매품을 팔아 돈을 번 장면을 떠올려보자. 매를 맞고 돈을 번다는 것은 능동적이고 생산적으로 뭔가를 하는 행위가 아니라 그냥 수동적으로 버티는 행위다. 자신이 주체적으로 뭔가를 이루려 하기보다 그냥 주어진 상황을 견디며 버티는 소극적인 자세에서 비롯한 행위다. 흥부는 왜 이런 마음을 가지게 되었을까? 너무 사는 게 힘들어서? 뭔가 해보려 해도 잘 안 되어서? 그럴 수도 있지만 본질은 욕심이 많기 때문이다. 그래서 적극적으로 나서지 않고 뭔가를 하려 하지 않은 것이다.

뭔가를 하지 않으려 하는 게 욕심이라고? 그렇다. 웃긴소리 같지만, 종종 학생들을 보면 의도적으로 열심히 공부하지 않는 학생들이 있다. 놀기 바빠 공부를 안 하는 게 아니고, 공부를 잘 못해서 안 하는 게 아니고, 열과 성을 다해 공부했다가 잘못된 결과가 나올까 봐 두려워 열심히 공부하지 않는 것이다. 물론 자신들은 자기가 그러고 있는 줄을 잘 모른다. 놀부가 제 욕심을 못 보았던 것처럼 말이다. 다시 말해 '열심히 공부하려 한다. 하지만 열심히 하지 않는다'는 말도 안 되는 이런 상황의 심리적 기저에는 결과에 대한 두려움이 도사리고 있다.

물론 학생들은 "열심히 안 하는 게 아니라 공부하는 게 힘들어서 그래요"라거나 "뭘 모르면서 괜히 그래요"라고 답하지만 진실은 그렇지 않다. 겁쟁이여서 그렇다. 자신의 본질을 똑바로 마주 볼 용기가 없기 때문이다. 그 마음은 이렇다. '영혼을 갈아 넣어 공부했는데 결과가 안 좋으면 어떻게 하지?', '이렇게 죽기 살기로 공부했으면 당연히 좋은 결과가 나와야 하는 거 아냐!' 그런 마음의 본질은 이렇다. '나는 상당히 괜찮은 사람이고 괜찮은 사람이어야 하고 괜찮은 사람으로 남들이 보아야 하는데, 혹시 열심히 해도 안 되면 내 모양 빠지는 거잖아. 그건 좀 곤란한데.'

그렇다. 자신은 본래 상당히 괜찮은 사람이고 상당히 멋진 사람이며, 뭐 슈퍼 히어로만큼 엄청나다고까지는 생각지 않지만 그래도 아우라aura가 빛나는 끝내주는 인간이라고 생각한다. 그런데 '공연히 뭔가를 하다가 내 아우라에 금이 가면 어떡하지?' 하는 우려와 두려움이 '차라리 하지 말자. 영혼을 갈아 넣을 필요 뭐 있어. 그냥 적당히 하자'라고 하며 타협한다. 그 정도로도 잘되어 좋은 결과가 나오면 정말 나는 끝내주는 인간인 것이고, 원치 않는 결과가 나오면 '내가 열심히 하지 않아서 그렇지. 열과 성을 다하면 그쯤은 쉽게 해치울 수 있어'라고 자위할 수 있다.

그렇게 심리적 도피처를 뚫어놓는다. 그렇기에 열심히

할 수 없다. 자신도 모르게 늘 마지막에 힘을 조금 뺀다. 오래 하다 보면 그게 습관이 되어 자신도 모른다. 화초장 안에 구렁이를 담아놓고도 열어볼 용기가 나지 않아 모른 척하는 것과 똑같다. 잘 보이고 싶고 멋져 보이고 싶은 것은 욕망이다. 하지만 그렇게 되려고 힘쓰지 않고, 그냥 주어지는 대로 흘러가며 정신적 자위만 하고 있다면 그것 역시 욕심이 아닐 수 없다. 그냥 알아서 세상이 저절로 나에게 맞춰 움직여 달라는 욕심 말이다.

꼭 공부만 그런 게 아니다. 세상 모든 게 다 그렇다. 우리는 뭔가를 선택해 열심히 하면 반드시 좋은 결과가 있을 거라고 믿고 바란다. 이건 욕심이 아니라 욕망이다. 하지만 현실에서 노력이 반드시 좋은 결과를 보장하지는 않는다. 물론 열심히 노력해야 조금이라도 좋은 결과가 나오는 것은 맞지만 열심히 노력한다고 모두 최선의 결과를 얻을 수 있는 것은 아니다. 종종 낙심하고 좌절감에 휩싸이기도 한다. 열패감에 절망할 수도 있다.

그러니 할 수만 있다면 그 낙심과 좌절의 괴로움을 피해야 한다. 그러나 그것은 퇴행적 도피가 아닌 전진을 위한 극복의 쓰라림이어야 한다. 누구든 처음부터 잘하는 사람은 없고, 뭔가를 배우고 이루어 가는 과정은 사실 모양 빠지는 일이다. 하지만 그 아등바등하는 과정은 흑역사가 아니다. 못하기에 잘 하려는 것이다. 부끄러울 것도 없고 얼굴 팔릴 것도 없다. 못하면서도 아무 것도 하지 않는 게 흑역사고 부끄러운 것이다. 좌절과 실패가 그리 아름다운 것은 아니지만 그것을 똑바로 보고 직면하면 피가 되고 살이 된다. 이겨내고 극복할 자양분이 된다. 자기 내면에 열심히 했던 하나하나의 과정들이 차곡차곡 쌓여 자신의 힘이 된다. 세상 모든 사람들이 그랬고 앞으로도 그럴 것이다.

하지만 흥부는 그러지 않았다. 흥부는 자신이 한 만큼 혹은 그 이상의 좋은 결과가 나오지 않으면 모양이 빠진다고 생각했고 이를 두려워했다. 자신이 최선을 다했음에도 원하는 결과가 나타나지 않는 상황에 맞닥뜨렸을 때의 그 충격을 견뎌내고 싶지 않은 마음이 너무 컸다. 그는 겁쟁이인 동시에 욕심쟁이였다. 그래서 아무 일도 하지 않았다.

사실 흥부는 할 일이 있었다. 하다못해 동네방네 돌아다니며 사람들에게 형의 만행을 폭로라도 했어야 했다. 그런데 흥부는 그런 말도 일체 하지 않았다. 착해서? 아니다. 그것은 착한 게 아니라 '척'하고 싶은 욕심이다. 형에 대해 나쁘게 이야기함으로써 사람들이 형을 욕하게 되면 형의 체면이 말이 아니게 될 테고, 형의 체면이 망가지는 것은 곧 자신의 체면이 구겨지는 일이라고 생각했기 때문이다. 서로 쪽팔리는 일이고 집안 망신시키는 일이자 그야말로 모양 빠지는 일이다.

또한 자신이 형이나 욕하고 다니는 동생으로 보이는 것도 신경 쓰였다. 아무리 힘들어도 형이나 욕하고 다니는 사람이 아니라는 것을 보여주고 싶었다. 흥부의 가장 큰 문제점은 자기 자신이 뭔가 있어 보여야 한다고 착각한 것이다. 참 딱하다. 아무리 '척'해도 흥부는 있어 보이지 않는다는 것을 자신만 몰랐다. 어리석게도 그만 몰랐다.

그래도 흥부는 남을 돕는 착한 일을 하지 않았느냐고 생각할 수도 있다. 맞다. 착하고 선한 일을 했다. 형 놀부와 정반대로 행동했다. 앞서 이야기한 대로 자신은 못 먹어도 남은 먹이고, 자기 집안은 한 푼 없어도 남을 도와주는 일에 앞장섰다. 그런 선한 행동이 과연 '착함'일까? 사실 그것이 흥부 욕심의 실체다.

지금은 그런 제도가 사라졌지만 내가 어릴 때만 해도 남의 빚보증을 서줬다가 패가망신한 경우가 많았다. 요즘은 한국보증보험공사에서 그런 일을 대신해주지만 예전에는 개개인이 서로 보증을 서주곤 했다. 예를 들어 집을 사려고 할 때도 당사자가 그 집을 살 자격이 되는지 아닌지 누군가 보증을 서주어야만 했다. 직장에 들어갈 때도 그렇고, 물건을 살 때도 그렇고, 돈을 빌릴 때도 마찬가지였다.

문제는 당사자가 어떤 이유에서든 돈을 갚지 않게 되면 보증을 서준 사람이 그 돈을 모두 떠안게 된다는 점이다. 그렇다 보니 누군가를 보증서게 해놓고 그냥 파렴치하게 사기 치듯 먹고 튀는 일이 비일비재했다. 내가 어릴 때 부모님께 가장 많이 들은 말 중 하나가 "절대로 남의 보증 서지 마라!"였다. 그야말로 보증은 패가망신의 지름길이었다. 흥부가 한 일이 주로 이런 일이었다.

종종 아버지들이 느닷없이 월부로 책을 들고 오거나 뜬금없는 물건을 사 올 때가 있었다. 이미 너무 많이 들어 더 이상 다달이 납부할 능력이 안 되는 데도 누군가의 권유로 또 다른 보험을 덥석 들어주기도 했다. 그러면서 아버지는 "퇴직한 선배가 월부 책 장사를 하더라고. 얼마나 딱한지 말이야", "당신도 알지? 우리 결혼식에 왔던 그 후배 말이야. 노모가 병이 들었다고 하더라고. 얼마나 힘들겠어", "친군데, 너무 딱하게 살아서 보험 몇 개 들었어"라고 말했다.

면전에서 거절하지 못하고 그냥 떠안고 가져오는 것이다. 그게 착해서일까? 그리 착한 마음이 왜 집안의 처와 자식들에게는 향하지 않고 꼭 바깥사람들을 향해서만 발현된단 말인가? 그게 정말 착한 마음일까? 혹시 체면 때문은 아닐까? 모양 빠지면 안 된다는 허세 말이다. 흥부가 바로 그랬다. 그가 평생 한 일은 이런 일이었다. 흥부 자신은 모양 안 빠지고 멋져 보일 수 있다. 하지만 주변 사람들은 모두 그를 멋진 '척'만 하는 얼빠진 호구로 알고 있다. 그래서 끝없이 흥부에게만 달려들었다. 빼먹기 좋은 곶감 같은 호구이니 말이다. 물론 이런 비밀을 흥부만 몰랐다.

집안에 흥부 같은 사람이 한 명 있으면 어떻게 될까? 놀부가 직면한 문제가 바로 그것이었다. 일 안 하고 놀고먹기만 하면 차라리 괜찮은데, 이렇게 돈을 마구 써대니 당해낼 재간이 없다. 그래서 쫓아냈다. 눈 뜨고 볼 수 없었던 것이다. 그렇게 쫓아낸 흥부가 툭 하면 찾아와 먹을 게 없으니 양식을 좀 달라고 한다. 아마도 형제간이니 몇 번은 내주었을 것이다. 그러면 그 후엔 손을 벌리지 않았을까? 천만의 말씀! 흥부 같은 사람들은 한번 자신의 요구가 받아들여지면 끝을 모르고 손을 내미는 습성이 있다. 빌려간 돈을 갚기는커녕 요구하는 액수가 점점 더 커지기 마련이다. 당연히 고마워하지도 않는다. 배려가 권리가 되어버리는 것이다.

이런 자가 집안에 있으면, 그 사람이 결국 그 집안 재산 다 말아먹는다. 그래야 끝난다. 흥부처럼 일은 안 하고 자기 하고 싶은 것 다하고, 심지어 그 돈으로 자기 자식들 유학까지 보낸다. 제 힘으로는 하나도 해주지 않으면서 '너도 차 한 대 있어야지? 명품 가방도 하나 사줄게!' 하는 식이다. 든든한 돈줄 있으니 마음 놓고 우려낸다. 형제라는 빌미로, 가족이라는 천륜으로 얽어매 예의도 염치도 없이 쭉쭉 빨아 먹는다. '가족인데 이 정도도 못해줘!'라며 당당하게 권리를 내세우기까지 한다. 기생충이 따로 없다고 하면 너무 심한 말일까? 놀부가 흥부를 향해 "너도 나이를 먹었고 처자식도 있으니 이제 사람 사는 것이 어려운 줄도 좀 알아야 하지 않겠냐"며 쫓아버린 게 정말 과도한 짓일까? 밥을 얻으러 온 흥부를 향해 밥주걱을 날린 형수가 천하의 악질일까? 한번 생각해볼 일이다.

흥부는 욕심쟁이였다. 자신은 아무것도 안 하면서 있어 보이고 싶고 멋져 보이고 싶고 괜찮아 보이고 싶었다. 모양 빠지기 싫어서 늘 '척'하며 주제 파악도 못하고 남들을 돕는다는 미명 아래 호구 잡혀 살았다. 그러면서 그 모든 부담을 주변에 떠넘겼다. 부인, 자식, 그리고 형 놀부에게로. 흥부 욕심의 밑바탕에는 겁쟁이 두려움이 도사리고 있고, 그것을 똑바로 보고 앞으로 나아가지 못한 퇴영적 움츠림이 있었다. 그것이 흥부를 망쳤고 그를 욕심쟁이로 만들었다.

『흥부전』은 욕심에 대한 이야기다. 과도해서 자신을 망각하고 남을 해코지하는 놀부의 욕심만이 아니라, 과도해서 자신을 해치고 급기야 주변까지 망쳐놓는 흥부의 욕심이 문제라고 지적하는 이야기다. 비록 놀부의 욕심은 쉽게 눈에 띄고 흥부의 욕심은 판별하기 쉽지 않지만 똑같은 문제다. 그 욕심의 본질은 같다. 양상만 반대일 뿐 서로 닮은 꼴이다. 마치 거울을 마주하는 것처럼 말이다.

3

『흥부전』에 드러난 조선 후기 경제구조의 변화

획기적일 만큼 공정한 사회

『흥부전』에는 조선 후기의 사회경제적 구조 변화가 잘 드러나 있다. 앞서도 잠시 언급했듯이 조선시대는 재산상속에 있어 우리가 생각하는 것보다 훨씬 공평한 사회였다. 물론 어느 시대, 어느 세상이나 완전한 공평은 존재하지 않는다. 다만 지금 우리가 쉽게 예단하는 것보다는 훨씬 공평했다는 의미다. 오랫동안 시집간 딸에게는 재산을 주지 않던 관례가 바뀐 게 사실 얼마 되지 않은 최근 일이다. 하지만 그보다 먼 조선시대에는 이미 남녀 차별 없이, 시집을 갔든 안 갔든 공평하게 재산을 분배했고, 심지어 시집간 딸이 일찍 죽고 없으면 그녀의 자식에게 재산을 상속했다. 지금은 없어 간과하기 쉽지만, 첩의 자녀들에게도 재산을 상속했다. 비율은 조금 달랐지만 반드시 나눠주었다.

이런 나름의 공정함은 당시 전 세계의 상황에 비춰보더라도 매우 이례적이다. 그 당시 중국에서는 장자, 즉 첫째 아들 위주로 재산을 물려주었다. 둘째에게도 조금 나눠주었으나 딸들에게는 아예 주지 않았다. 같은 시대 서양은 첫째 아들에게만 재산을 상속했다.

디즈니 애니메이션 〈겨울왕국〉에는 안나 공주와 어떻게든 결혼하기 위해 애를 쓰는 한스 왕자가 등장한다. 그는 왜 안나와 결혼하려 했을까? 물론 안나 공주가 예쁘고 매력적이어서 그럴 수도 있지만 그렇게라도 하지 않으면 살아가기가 어려웠기 때문이다. 그렇다. 한스는 첫째 왕자가 아니기에 아버지의 왕국을 물려받을 수도 없고 재산을 받을 수도 없다. 왕자이긴 하지만 그야말로 빛 좋은 개살구 신세였다. 아직 젊을 때 어떻게든 먹고살(?) 방법을 찾아야 했고 그것이 공주 안나를 유혹하는 일이었다.

〈잠자는 숲속의 미녀〉에서 마법에 걸려 숲속에 잠들어 있는 공주를 깨운 왕자도 마찬가지다. 그 힘들고 위험한

가시덤불과 짐승들을 헤치고 숲으로 들어가야만 하는 절실한 이유가 있었다. 공주가 아름다운지 어떤지는 부차적 문제다. 그는 뭔가 해야만 하는, 핏줄만 고귀한 왕자였으니 말이다. 첫째 왕자는 아버지로부터 물려받은 자기 왕국이 있기에 절대 그런 무리수를 둘 필요가 없다. 하지만 첫째가 아닌 나머지 왕자들은 아무것도 물려받은 게 없으니 다른 나라로 눈을 돌려 자신만의 살아갈 길을 찾아야 했다. 이를 두고 프린스 차밍prince charming이라고 한다. 외모, 교양, 예절 등을 갖춘 왕자들이 나라를 물려받을 만한 왕국의 공주와 결혼함으로써 자신의 길을 개척하는 것을 말한다. 이것이 당시 서양의 현실이었고, 그런 시대상이 이야기속에 고스란히 반영된 것이다.

당시 서양에서는 남성들이 결혼을 매우 늦게 했는데 먹고살 게 없었기 때문이다. 중국은 서양에 비해 조금 빨랐지만 역시 늦은 편이었고, 상대적으로 조선시대 남성들은 결혼을 일찍 했다. 세상 누구든 나이가 들면 누군가를 만나 결혼을 하고 자기만의 삶을 꾸리는 게 인간 본연의 욕망이다. 그 욕망을 따르고 싶어도 돈이 없어 못하는 다른 나라의 둘째, 셋째 아들들과 달리 조선시대 남성들은 얼마든지 가능했다.

조선시대 결혼은 처가살이가 기본

시집살이가 어쩌고저쩌고하는 말을 늘 듣다 보니 그것이
우리의 오랜 풍습 같지만 사실은 아니다. 조선시대 내내
결혼은 남귀여가혼男歸女家婚인 처가살이가 기본이었다. 이
런 풍습은 고려시대부터 있어왔다. 결혼과 동시에 처가
로 몸만 쏙 들어가 살면 되니 남성 입장에서는 이 처가살
이가 아주 괜찮은 풍습이었다. 우리는 보통 조선시대에도
여성이 결혼하면 시집으로 들어가 살았다고 알고 있지만
그것은 19세기 즈음 시작된 풍습으로 이후 일제강점기를
지나면서 공고화되었을 뿐, 조선시대에는 처가살이가 기
본이었다.

처가에 들어가 살면 장인 장모가 사위를 먹이고 입히고
공부시키는 것은 물론이고 관직까지 다 알아서 해주었다.
그러니까 아버지보다 장인이 자신을 더 여러 면으로 돌봐
주었다고 볼 수 있다. 심지어 사위의 첩까지 장인이 골라
주었다. 이런 제도가 가능했던 것은 남녀가 균등하게 상속
받았기 때문이다.

아들 입장에서 자기 아버지가 돌아가시기 전까지는 유
산을 받을 수 없지만 처가에 들어가 살면 우선 먹고사는

문제가 해결된다. 게다가 장인이 돌아가시면 딸이 처가 유산을 상속받으니 독립해 살 수도 있다. 물론 자기 아버지가 돌아가시면 역시 재산을 상속받게 되니 그때 분가해도 된다. 남성 입장에서는 다른 나라에 비해 상대적으로 결혼도 쉽고 독립도 쉬운 시스템이었다.

조선시대 초부터 신진사대부를 비롯한 양반 기득권자들이 어떻게든 시집살이를 정착시키려 애를 썼다. 남성의 가치와 가부장의 권위를 강화시키기 위해서였다. 그렇게 하는 게 옳다고 생각한 신진사대부들은 조선시대가 막을 연 1392년부터 줄기차게 시집살이를 추진했다지만 성공하진 못했다.

『조선왕조실록朝鮮王朝實錄』의 세종 관련 기록을 보면 이에 대한 고민이 자세하게 적혀 있다. 세종은 온 백성이 처가살이를 해오던 고려시대부터 내려온 풍습을 어떻게든 시집살이로 바꾸고자 했다. 그래서 솔선수범해 자기의 딸인 옹주를 시집살이를 하도록 사위의 집으로 내려보냈다. 당시 풍습과는 정반대로 한 것이다. 당대 지존인 왕이 몸소 이런 결정을 내렸음에도 대신들은 이를 따르지 않았다. 그러니 평민들은 말할 것도 없었다. 오늘날 대통령의 권력과는 비교도 안 될 만큼 막강한 힘을 가지고 있는 왕조차도 이 풍습을 바꾸지 못했다.

『세종실록』을 보면 세종이 김종서金宗瑞(1383~1453)와 대화하는 대목이 있다. 도대체 왜 사람들이 자꾸 처가살이를 하는지 답답해하는 세종이 시집살이인 친영제親迎制를 권고했음에도 실행되지 않는 이유를 묻자 김종서가 답한 대목이다.

> 우리나라 풍속에 남자가 여자 집으로 가서 사는 것이 그 유래가 오래입니다. 만일 여자가 남자 집으로 들어가게 된다면, 곧 거기에 필요한 노비, 의복, 그릇 등을 여자 집에서 당장 마련해야 하는데 그것이 곤란해 혼인이 어려운 것입니다. 남자 집이 만일 부자라면 당장 신부를 맞아 접대하는 것이 어렵지 않지만, 가난한 사람은 부담하기 어렵기에 남자 집에서도 이를 꺼려왔습니다.
>
> ─『세종실록』12년 12월 22일

처가살이 풍습이 강고했던 배경에는 앞서 이야기한 프린스 차밍처럼 결국 경제 문제가 깔려 있다. 돈이 없으면 결혼을 못한다는 이야기다. 세종 때는 말할 것도 없고 이후로도 오랫동안 결혼하면 기본적으로 처가살이를 하다가

『흥부전』이 탄생할 때쯤 비로소 장자 위주의 상속제로 바뀌기 시작했다. 처가살이에서 시집살이로 바뀌는 시점은 학자마다 의견이 조금씩 다르긴 한데, 시작은 대략 17세기 중후반부터 산발적으로 이루어졌다고 본다. 자료를 보면 17세기 후반쯤에 장자 위주로 재산을 상속했다는 몇몇 기록을 볼 수 있다. 아직 전면적 확산은 아니고 이런저런 타협적 양상이 산발적으로 나타났던 것이다.

그러다가 19세기로 넘어오면서부터 차츰 확산되었다. 이때는 딸에게는 아예 상속하지 않았다는 기록도 있다. 딸이 밉거나 차별해서가 아니라 혼인한 뒤 시집살이하게 된 딸에게 재산을 상속하는 것은 사돈집에 재산을 내주는 격이니 더 이상 딸들에게 재산을 상속하지 않게 된 것이다. 『흥부전』은 바로 이렇게 조선시대의 사회경제적 구조가 바뀌던 시기를 그 배경으로 한다.

처가살이가 시집살이로 바뀌면서 늘어난 것은 사실 남성들의 부담이다. 가장이란 허울은 좋지만 그 무게가 어깨를 짓누르기 시작했다. 여성이 자기 집에 들어와 살게 되니 경제적으로 자신이 먼저 독립해야 했다. 먹고 살려면 마땅히 그래야 했다. 이런 시대인 만큼 흥부는 정신을 차렸어야 했다. 아주 똑바로 말이다.

세상에 마냥 좋기만 하고 마냥 나쁘기만 한 것은 없다. 이게 좋으면 저게 문제고 저게 좋으면 이게 탈인 법이다. 철부지 같은 흥부나 그런 걸 모른다. 그러니 제 좋은 대로 살며 처자식을 고생시켰다. 그러면서도 자신은 착하다고, 착하면 되는 거 아니냐고 철석같이 믿었던 것이다. 참 철딱서니 없는 양반이다.

한 집안의 진정한 경영자는 종갓집 맏며느리

조선후기에는 시집살이가 널리 퍼지고 상속이 장자 위주로 변화했다. 조선 후기 사회경제적 구조는 왜 이렇게 바뀌었을까? 그 이유를 흔히 '그렇게 하는 게 남자들한테 좋으니까'라거나 혹은 '그렇게 하는 게 가부장제에 좋으니까'라고 생각하지만 사실은 그렇지 않다. 세상에 엄청난 악인이 있어서 그가 규칙을 바꾸고 그 규칙을 강요한다고 생각하면 편하겠지만 진실은 아니다. 규칙이 만들어진 후 그 규칙을 자기 편한 대로 악용하는 자는 있어도 파천황의 힘을 가지고 제멋대로 규칙을 바꾸고 강요하는 자는 판타지 소설에나 존재할 뿐 현실에서는 그렇지 않다.

당연히 독재적일 수밖에 없는 최고 권력자인 왕도 마음대로 바꾸지 못하던 제도가 그렇게 바뀐 것은 이런저런 나름의 이유로 '모두가 동의'했기 때문이다. 즉, 첫째가 아닌 둘째와 셋째들이 저항할 수 없어서 그냥 따랐던 게 아니라 그렇게 바뀌는 게 더 합리적이라는 나름의 합의가 있었기 때문이다.

예를 들어보자. 요즘은 90세, 심지어 100세 넘도록 장수하는 노인들이 아주 많다. 조금이라도 몸이 안 좋거나 문제가 생기면 즉시 병원에 가 치료를 받는데 의료보험 제도가 잘 되어 있기에 가능한 일이다. 내가 어릴 때만 해도 의료보험 제도가 아직 생기기 전이라, 웬만큼 아프지 않고서는 치료비가 무서워 병원에 가지도 못했다. 지금도 여전히 그런 나라들이 많다.

내 친구 하나가 미국으로 여행을 갔다가 그곳에서 맹장이 터지는 바람에 급하게 수술을 해야 했다. 다른 병이라면 한국으로 돌아와 수술해도 되지만 급성 맹장이니 미국에서 수술할 수밖에 없었다. 다행히 수술은 잘 끝났다. 문제는 청구서를 받아 들고 나서였다. 병원비가 몇천만 원이 나왔다. 당연히 놀랐다. 하지만 그럴 리 없다고 생각했다. '착오인가? 아니면 몰래카메라?' 물론 착오도 장난도 아니었다.

의료보험 제도가 잘 되어 있는 우리나라에서 그 정도 수술은 자기부담금이 몇십만 원 안팎이지만, 미국은 아니다. 미국의 의료보험은 우리처럼 전 국민이 가입 대상이 아니라 직장 등의 특정 조건이 갖춰졌을 때나 가입이 가능하다. 그러니 실직하면 그야말로 나락으로 떨어지고 만다. 아파도 병원은커녕 그냥 약을 사 먹으며 참아야 한다. 그러다가 내 친구 경우처럼 구급차 타고 응급실에라도 갈 지경이 되면 살아나는 게 문제가 아니라 그 후에 정산할 의료비가 문제다. 어마어마하게 나온다.

게다가 미국은 의료보험이 있더라도 진료비가 눈이 튀어나올 정도로 비싼 곳인데, 단순히 여행자였던 내 친구가 의료보험이 있을 리 없었다. 다행히도 미리 한국에서 가입하고 떠난 해외여행자보험으로 처리해 어려움을 벗어나긴 했지만 아찔한 상황이었다.

이런 아찔한 상황은 의료보험도 없고 노후 연금도 없던 조선시대에는 말할 것도 없었다. 언제나 그렇듯이 재산이 있는 양반은 그 재산으로 질병과 노후를 책임질 수 있지만, 그렇지 못한 양반들은 점차 가세가 기울고 쪼들리는 길로 들어서게 된다. 자식 중에 과거에 급제해 벼슬이라도 하게 되면 녹봉을 받아 생계를 이어갈 수 있지만, 과거가 어디 말처럼 쉽단 말인가. 이런 지경에 이른 사람들은 먹고살아야 하니 사돈의 팔촌까지 찾아다니며 손을 벌린다. 여유가 있는 양반집에서는 그렇게 찾아와 손을 벌리는 친족들을 내치지 못하고 거두기 시작했는데 그러면서 점점 종법 제도가 갖춰지고 강화되었다.

종법 제도는 정실에게서 태어난 장자 위주로 가문 전체를 유지하는 일종의 사회 시스템이다. 이는 조선 후기 가족 제도의 근간이 되었고, 가족 윤리를 기반으로 한 조선 사회의 규범적 체제를 지탱시킨 중요한 원리 중 하나가 되었다. 한마디로 상호부조와 사회복지 시스템이었다.

조선 후기에 종법 제도가 강화된 것은 양반 가부장의 힘을 강화해 사람들을 지배하려는 이유도 있겠지만, 그것이 시작은 아니다. 몰락하는 양반이 많아지는 시대에 한 가문의 장자를 중심으로 혈연관계를 정리해 그 안에 속한 사람들에게 최소한의 먹거리를 줌으로써 그들이 살아갈 수 있게 하는 현실적 이유 때문이었다. 문중, 종가, 적장자, 예법 등의 관념에 동의해서가 아니라 먹고사는 지극히 현실적 이득에 동의해 종법제가 강화된 것이다.

이렇게 대가족으로 묶이자 특별한 몇 가지 장점이 생겼다. 우선 육아 시스템이다. 부모들이 가장 일손이 바쁠 때가 아이들이 아직 어려 손이 많이 갈 때다. 일도 해야 하고, 아이들도 돌봐야 하니 몸이 열 개라도 부족하다. 옛날에는 바쁜 부모를 대신해 그 가문에 속해 있는 할머니 할아버지 들이 육아를 전담했다. 그래서 뼈대 있는 양반 가문일수록 할아버지와 손자는 가깝고 아버지와 아들은 데면데면하 기 마련이었다. 평생 아버지와 말 한번 제대로 나누지 못 하는 경우도 있다. 아버지는 바쁘고 엄하고 어려운 존재라 친근함과는 거리가 멀었다. 그 친밀감과 소속감은 할아버 지처럼 한 대를 뛰어넘어 연계되었다. 그렇다 보니 자연스 레 자식을 잇는 문제도 중요하게 되었다. 아무튼 바쁜 부 모 대신 상대적으로 한가한 조부모 세대가 육아를 담당했 기에 부모들은 마음 놓고 나가 일할 수 있었다.

둘째는 노후 복지다. 지금처럼 요양 시설이 많지 않던 1980~90년대에는 자식들이 집에서 병간호를 했다. 해본 사람이라면 잘 알다시피 심정적, 금전적 어려움도 크지만 더 큰 문제는 시간적 어려움이다. 밖에선 일을 하고 집에 와선 병간호를 병행해야 하니 말이다. 여가 활용이나 자아 성취는 고사하고 휴식조차 어렵다. 문제는 이러다 보니 가정이 말이 아니게 된다. 감정이 복잡하게 쌓이고 얽힌 다. 옛말에 '10년 병에 효자 없다'는 말이 딱이다. 아무리 효자라도 집에서 10년 병간호를 하기란 정말 어렵다.

이런 문제를 종가에서는 나름의 방법으로 처리할 수 있었다. 병석에 있는 노인을 간병하는 일을 열심히 일해야하는 자식들이 아니라 상대적으로 시간과 여유가 많은 조금 덜 나이든 어른들이 담당했다. 나이 들어 현직을 떠나 있는 삼촌, 고모들이 대표적이다. 말하자면 노인이 노인을 보살피고 젊은이는 일을 했다. 물론 그렇게 돌보던 노인들도 더 나이가 들면 간병의 대상이 되고, 젊은이 역시 차례로 그 시스템 안으로 들어가게 된다. 노후를 맡기는 것이다.

셋째는 효孝라는 강화된 관념을 통해 생존의 위험을 크게 줄였다. 자식을 맡겨놓고 열심히 일한 부모들은 그렇게 해서 벌어들인 돈을 바탕으로 효를 했다. 그 효는 단순히 자기 친부모에게만이 아니라 가문 전체를 향해서였다. 기실 효란 가문 전체를 향한 재화의 분배 과정이었다. 그래서 고모에게도 삼촌에게도 극진히 효를 다했다. 따지고 보면 당연한 일이다. 그 고모와 삼촌이 내 부모님을 돌봐드리고 있으니 말이다.

이런 가문 전체를 향한 양육과 노후를 연계한 효 시스템은 노후와 생존의 위험부담을 크게 줄였다. 그것은 내 자식이 꼭 돈을 벌어들이지 못해도 문중의 누군가가 일을 해 돈을 벌어들이면 공동으로 나누었기 때문이다. 이를테면 조카가 과거에 급제하면 '조카네 집만 좋겠네!'라고 생각하지 않았다. 그 집이 좋아지는 것은 물론이고 가문 전체가 좋아졌다. 그야말로 가문의 경사인 것이다. 그 조카가 벌어오는 돈이 가문에 쌓고, 그 재화를 가문의 필요한 곳곳에 나눠 사용하게 되니 말이다. 그러니 내 자식이 성공하지 못해도 위험하지는 않다. 조금 덜 편안해질 수는 있지만 아예 나락으로 떨어지지는 않는다. 종법제를 통한 시스템 안에서 먹고살 수 있으니 말이다.

그래서 '종갓집 맏며느리'가 늘 중요했다. 남녀를 구분해 말하면, 남자들은 밖에서 일을 해 돈을 벌어오는 역할을 했고, 여자는 집안 살림을 했다. 종가라면 종갓집 살림을 해야만 했다. 종가에 모인 재화를 필요한 적재적소에 나눠주는 역할을 한 사람이 바로 종갓집 맏며느리다. 지혜와 경륜을 겸비한 진정한 경영자라고 할 수 있다. CEO 한 명 잘못 뽑으면 집안이 난리가 나는 것은 두말하면 입 아프다. 현대의 기업이라면 주주총회에서 해임이라도 하련만, 결혼을 통해 선택된 종갓집 맏며느리는 그럴 수도 없다.

그래서 신중함에 신중함을 더해 최고의 여성을 간택하

려 했다. "쟤는 정말 종갓집 맏며느리감이야"라는 말은 더할 나위 없는 칭찬이자 덕담이었다. 종갓집 맏며느리의 역할이 실로 대단해서 곳간 열쇠를 딱 쥐고 그 가문을 경영하는 일을 했으니 말이다.

종가에 제사 등의 일로 문중 사람들이 모일 때는 반드시 뭔가를 들고 왔다. 그게 예의였다. 자기 집안의 처지에 따라 가져왔고 그것을 모두 종가에 모았다. 비록 들고 오는 게 늘 변변치는 않지만 그렇더라도 그 집에 경조사가 있으면 모아둔 자금을 뭉텅이로 떼어 그 집에 보냈다. 모두 맏며느리의 판단과 결정에 따라 하는 일이다. 이름 있는 엄청난 종가가 아니라도 이런저런 양반 집안에서도 맏며느리의 역할은 동일했다. 맏며느리가 어떻게 하느냐에 따라 그 집안의 성패가 달려 있었다.

『흥부전』의 놀부 부인이 바로 맏며느리였다. 그녀가 어떻게 집안을 운영했는지는 모른다. 덕성이 있었는지 못돼먹었는지는 확실치 않다. 다만 놀부 집이 부유해졌다면 그것은 놀부 혼자만의 노력으로는 절대 불가능하다. 놀부 부인이 안에서 적절히 종들을 잘 다스리고 일을 두루 살폈기에 가능한 일이다. 사실 어려운 이야기도 아닌 게 지금도 그렇다. 남편은 밖에서 열심히 돈을 벌어오는데 부인이 사

치를 일삼거나 쇼핑 중독이라면 그 집이 부유해지기는 힘
들다.

맏며느리인 놀부 부인이 밥주걱을 휘둘러 시동생 뺨을
냅다 갈겼다는 표현만 본다면 그녀는 악질이 분명하다.
하지만 지금까지 살펴본 바를 바탕으로 맏며느리 입장에
서 한번 생각해보자. 가문에 일은 하지 않고 놀기만 하면
서 한탕주의를 꿈꾸며 선행이랍시고 밑 빠진 독에 물 붓듯
이 돈을 날리는 사람이 있다. 가문을 이끄는 것은 고사하
고 저 자신조차 책임지려 하지 않으니, 이를 어찌해야 한
단 말인가? 게다가 조선시대는 연대책임이 무지막지했다.
형제 중 누군가가 돈을 빌렸다가 갚지 못하고 죽으면 그냥
끝나는 게 아니라, 가문이 모두 떠안아야 했다. 이런 일로
가문이 몰락한 사연이 옛이야기에는 무수하다.

다시 맏며느리 놀부 부인의 입장이 되어보자. 그리고 그
녀의 밥주걱 스매싱을 생각해보자. 좀 미안한 이야기지만,
『흥부전』은 요즘 말로 '꿀물'만 빠는 사람들을 어떻게 해결
해야 하는가 하는 문제도 담고 있다.

4

흥부와 놀부의
사회 변화 대응법

달라도 너무 다른 경제관념

이제 흥부가 사는 이유를 생각해보자. 바보가 아닐 텐데
어떻게 그렇게까지 한심하게 산단 말인가. 자기 신세와 처
지가 눈에 안 들어오는 것도 아닐 테고 형에게 수모를 당
하고 형수의 주걱 스매싱이 안 아픈 것도 아닐 텐데 말이
다. 대체 그가 사는 목적은 무엇일까? 흥부는 자기 스스로
무엇 때문에 산다고 생각하며 살았을까?

착하게 산 것은 맞다. 하지만 그것이 인생의 목적은 아
니다. 흥부 나름의 인생 목적이 있었을 것이다. 흥부가 선

행을 베풀며 산 것은 알겠지만 인생의 목적이 착함일 리는 없다. 그렇다고 착하게 살지 말라는 말이 아니다. 착하게 살지 말라는 게 아니라 착하게 사는 게 인생의 본질은 아니라는 말이다. 단순하고 명쾌한 말이지만 우리는 종종 혼동한다. 주객이 전도되어서는 안 된다는 너무나도 당연한 소리다.

예를 들어보자. 세상에 교통법규를 지키려고 운전하는 사람은 단 한 명도 없다. 운전하는 목적은 어딘가 가고자 하는 곳이 있어서다. 때론 운전하며 드라이브를 즐기는 것 자체가 목적일 수도 있지만, 그때도 교통법규를 지키기 위해 운전하지는 않는다. 교통법규가 존재하는 것은 운전을 잘하도록 하기 위해서, 안전하게 목적지에 도달하게 하기 위해서다. 너무나 당연하고 단순한 말이다. 교통법규 자체를 준수하는 것을 목표로 차를 끌고 도로에 나오는 사람은 단 한 명도 없다. 모두가 저마다 나름의 목표와 목적지가 다 있다.

초보 운전자일 때를 떠올려보라. 목적지가 있지만 쌩쌩 달리는 다른 차들 때문에 정신을 차릴 수 없던 그 아찔한 순간 말이다. 신호등 불빛만 바뀌어도 소스라쳤고 차선이 심장을 꽁꽁 묶어대는 느낌이었다. 그러다 보면 '대체 내가 어디로 가려 했지?'에서부터 '내가 뭘 하려고 차를 몰고 나와 이 생고생을 하나?'까지 별별 생각이 다 든다. 초보여서 그렇다.

홍부가 바로 이랬다. 그는 인생의 초짜였다. 나이만 먹었지 제 인생을 드라이브할 줄 몰랐다. 처자식만 주렁주렁 달렸지 이를 어떻게 감당해야 할지 몰랐다. 착하게 사는 게 나쁜 것은 아니니 착하게는 살았지만, 그렇게만 하면 되는 줄 알았다. 착하게 사는 게 목적이라고 착각했다. 그래서 형에게 손을 내밀었다. 제 몸에 곤장이 떨어지는 아픔을 이를 악물고 견디면서도 남에게 퍼주면 된다고 생각했다. 그게 인생이라고 믿었다. 참 답답하고 딱하다.

세상일이 다 그렇듯이 뭐든 계속하다 보면 차츰 익숙해지기 마련이다. 운전도 그렇다. 초보 때를 벗어나면 비로소 차를 운전하는 목표와 목적이 분명해진다. 신호등도 여유 있게 보고 차선도 잘 지킨다. 교통법규를 지키는 것은 안전할 뿐만 아니라 목적지에 더 빨리 효율적으로 가게 하는 방법이라는 것을 너무나도 잘 안다. 그래서 차가 막혀도 편안하게 기다린다. 빵빵거린다고 체증이 풀리지도 않고 서두른다고 목적지에 훌쩍 날아갈 수 있는 게 아니라는 것을 알기 때문이다. 좋아하는 노래도 듣고 라디오도 듣는다. 그렇게 드라이브를 즐긴다. 신호와 차선? 당연히 이제는 의식하지 않아도 아주 잘 지킨다.

흥부도 이랬어야 했지만 아직 그 수준에 도달하지 못했다. 운전을 많이 해보지 않아 그런 것이다. 자기만의 목적지를 분명히 하고 운전대를 꽉 잡고 어떻게든 도로 위로 나왔어야 했지만 그는 그렇지 않았다. 퇴영적으로 움츠러들어 뒤로 물러나고 주저앉기만 했다. 칭얼거리는 어린아이처럼 그랬다. 몸뚱이는 다 컸고 얼굴에 거뭇거뭇 수염이 가득하면서도 여전히 형에게 손을 내밀고 의지했다. 참, 안타까운 일이다.

운전을 오래 하거나 늘 하다 보면, 걷는 것보다 운전하는 시간이 더 많다 보면 간혹 베테랑을 넘어 폭주하는 지경에 이른다. 처음엔 피치 못해 그랬다. 신호를 무시해서 어긴 게 아니고 아슬아슬하게 신호에 걸리다가 그랬고, 엉뚱한 차선에서 핸들을 확 꺾은 것도 밤이라 아무도 없어서 그랬다. 알고 있었다. 그러면 안 된다는 것을. 하지만 차츰 익숙해지고 편해지다 보니, 또 별문제 안 되다 보니 그게 일상이 되어버렸다. 신호등은 귀찮은 걸림돌이었고 차선은 늘 골칫덩어리였다. 기회만 되면 신호도 무시하고 차선도 밟고 다녔다. 도로가 내 집 안방처럼 느껴지고 세상이 점점 아래로 보이기 시작했다. 몰고 다니는 차가 번쩍번쩍할수록 폭주의 자신감은 기하급수적으로 늘어만 갔다. 다른 차들과 그 차를 운전하는 사람들까지 다 아래로 보였다. '운전도 못하는 것들이 공연히 차를 끌고 나와 x랄이야!'를 빵빵거림으로 대신하는 순간도 당연히 늘어났다. 세상 모든 게 다 나 좋은 대로 굴러가야 한단 생각으로 가득 차기 시작했다. 과속? 신호위반? 뭔 소리야? 난 그런 거 한 적 없어!

그렇다. 놀부는 과속운전자다. 운전을 너무 많이 하다 보니 운전의 목적을 잊어버린 자가 바로 놀부다. 세상 사는 이유가 세상 사람을 무시하기 위해서가 아니고 그들에게 심술을 부리기 위해서가 당연히 아니지만 그는 그것을 모른다. 부자이다 보니, 번쩍번쩍 멋진 것만 몰고 다니다 보니 눈에 뵈는 게 없어진 것이다. 늘 투덜대고 늘 불만이고 늘 고약스러운 마음이 가득하다. 욕심이 자신을 꿀꺽 삼켰지만 정작 본인만 모르는 정말 딱하고 안타까운 사람이다.

이제 흥부와 놀부의 삶을 정리해보자. 『흥부전』에서 흥부와 놀부 하면 떠오르는 가장 대표적인 장면을 생각해보자. 흥부는 박을 타는 장면이고, 놀부는 심술을 부리는 장면이다. 바로 여기에 그들의 삶이 담겨 있다.

놀부는 열심히 재산을 불렸고 그러다 폭주해 악착같이 다른 사람의 것까지 끌어모았다. 18~19세기의 급변하는 사회경제 구조 속에서 놀부는 한마디로 '움켜쥐려는' 자세를 취했다. 열심히 일하고 아끼며 논밭을 사고 그 땅을 다시 열심히 경작해 더 많이 늘리는 전통적인 방법이다. 그는 격변하는 시대에 별다른 변화를 꾀하지 않고 기존의 것을 그대로 고수하려는 전형적인 가부장제 방법을 선택했다고 볼 수 있다.

반면에 흥부는 '일확천금'을 꿈꾸는 자세를 취했다. 그는 강남 갔다 돌아온 제비의 다리를 고쳐주고 그것으로 박을 타 부자가 되었다. 이 '강남'은 물론 중국 강남이며, 거기를 오가는 제비는 격변하는 당대 사회상을 비춰보았을 때 중국을 오가는 상인이라고 할 수 있다. 1970~80년대 한국 사람들에게 미국 뉴욕이 기회의 땅이자 이상향적 숭배의 공간이었던 것처럼, 조선 후기 중국 강남이 꼭 그랬다. 강남은 여기 없는 온갖 신기한 것들과 화려한 물품들이 즐비한 환상적 공간이었다. 강남의 엄청난 것들이 박을 통해 쏟아져 들어오는 것을 보면 그랬다.

눈이 확 돌아갈 정도로 가슴에 사무치는 상황을 화물숭배貨物崇拜라고 할 수 있는데, 쉽게 표현하면 아메리칸드림의 조선 버전인 차이나드림이라고 할 수 있다. 흥부는 여기에 꽂혔다. 어린아이들이 그렇듯이 확 쏠린 마음에 가슴이 두근거렸고 자신의 모든 것을 여기에 쏟아부었다. 말하자면 흥부는 상업을 통해 일확천금을 기대하는 위험성과 도박성을 동시에 가지고 있는 새로운 방법을 선택했다고 볼 수 있다. 그는 제비 다리를 고쳐준 대가로 얻은 박 씨를 심었고, 크게 자라난 박을 켰더니 그 안에서 온갖 금은보화가 쏟아져 나왔다. 로또에 당첨되어 대박을 터트린 격이다. 축하할 일이다.

하지만 일확천금을 얻은 자들이 생각만큼 행복하지 않은 경우가 많다는 사실을 잊어서는 안 된다. 그들은 현실에 발을 딛기보다 구름 위를 걷듯 붕붕 걸어 다닌다. '한 방이면 되는데 뭐 하러 지지리 궁상을 떨어'라는 생각이 온몸을 사로잡는다. 땅을 갈고 닭을 키우는 지난한 일은 눈에 차지 않는다. 긁어서 금방 결과가 나오지 않는 것에 신경질적으로 짜증을 낸다. 즉각적이고 명쾌하고 빠르고 극단적인 것에 온통 마음이 쏠린다. 그럴 수밖에 없다. 한 방이면 된다는 일확천금의 꿈은 도박성이 있고, 도박성은 중독이 되기 쉽다. 그러면 가장 기본적인 현실을 잊는다. 도박으로 재벌이 된 사람은 없다는 아주 단순한 사실 말이다.

흥부는 욕망의 화신이었다

흥부는 제비 다리를 고쳐주고 받은 박을 하나만 탔어야 했다. 제비의 보은 이야기로 『흥부전』을 보니까 모든 박에 좋은 게 가득할 거라고 믿는 것이지 냉정한 현실은 결코 그렇지 않다. 대박 아니면 쪽박이 2분의 1일 수밖에 없다는 고전적 확률 이론으로도 그렇고, 긍정적으로 인식하면 더 좋은 결과가 나올 수 있다고 여기는 베이즈 정리Bayes's theorem에 따른 확률 이론으로도 그렇다. 어떻든 계속 박을 타다 보면 파탄의 박이 나올 수밖에 없다. 복잡하게 생각할 것도 없다. 로또에 당첨되었다고 다음번에 또다시 1등에 당첨될 확률이 얼마나 될까? 그런 사람이 있다 쳐도 그 사람이 꼭 나일 가능성은 얼마나 될까? 로또 당첨이 그렇게 만만한 일인가?

물론 『흥부전』 이야기는 그렇지 않다. 착한 흥부가, 모진 수모를 겪으며 살아가는 흥부가 대박이 나 행복하게 살기를 바라는 사람들의 마음이 반영되었기 때문이다. 그래서 흥부는 제비 다리를 고쳐주고 박을 타 부자가 되어 행복하게 살았다는 게 이 이야기의 끝이다.

하지만 이야기를 더 이어 썼다면 흥부는 이후 어떻게 살

앉을까? 아마도 그는 똑같이 살았을 것이다. 당연히 매품도 안 팔고 형에게 손도 벌리지 않겠지만 가만히 앉아 인생을 보낼 것 같지는 않다. 박에서 나온 재산으로 사놓은 논과 밭을 신경 써 경영할 것 같지도 않다. 여전히 선행 아닌 선행에 골몰하는 얼치기 부자 흥부는 재산이 줄어드는 것을 알 수도 없고, 알아차려도 막을 재주가 없다. 그렇게 그는 다시 움츠러들 것이고, 그리고 너무나도 당연히 그의 눈이 향하는 곳은 강남과 제비와 박이다. 그럴 수밖에 없다. 어쩌면 재산이 줄기 전에 시작할 수도 있다. 자본금도 넉넉하고 여유가 있으니 말이다.

이런 그의 심리는 제비가 물어다 준 박을 탈 때 이미 드러났다. 흥부는 처음 탄 박에서 금은보화가 쏟아지자 거기서 멈추지 않고 나머지 박도 탔다. 처음 박과 마찬가지로 나머지 박에서도 금은보화가 쏟아질 거라는 요행을 바란 것이다. '끝을 봐야 남자다'라는 욕망에 사로잡혀 멈추지 않고 슬롯머신을 당기듯이 그는 끝없는 유혹의 유희에 몸을 맡겼다.

사실 모든 박에 보물이 들었다고 확신했다면 나머지 박들은 나중을 위해 보관해두었어야 했다. 그게 더 낫지 않겠는가. 하지만 흥부는 단숨에 박을 다 타버렸다. 그에겐

저축 개념이 없었다. '내일은 없다. 오늘 다 먹고 죽자'라는 심리다. '오늘만 사는 사람'처럼 자신의 욕망에 계속 불을 질렀다. 그렇게 해서 박을 다 타버리면 그다음 해에 또다시 제비가 박씨를 물어다줄까? 그럴 거라는 보장은 어디에도 없다. 말했듯이 이런 마음과 유희가 도박심리다. 첫 번째 박에서 금은보화가 쏟아지자 시작이 좋았으니 끝까지 좋을 거라고 철석같이 믿었다. '내가 하면 뭐든 잘될 거야. 이번에도 대박이 날 거야' 하는 확신이다.

도박의 유해함은 다른 중독보다 더 심각하다. 벗어나야 한단 생각을 하기가 더 어렵기 때문이다. 마약 중독, 알코올 중독, 섹스 중독 등등은 본인도 자각한다. 그리고 벗어나야 한단 생각도 든다. 가끔이긴 하지만 의지를 발휘하기도 한다. 하지만 도박 중독은 그게 어렵다. 왜냐하면 정말 좋은 실제의 달콤한 열매가 눈앞에 있기 때문이고, 그 열매를 따는 게 그야말로 한 방이기 때문이다. 무엇보다 벗어난 후에 돌아갈 일상이 그려지지 않기 때문이다.

중독에서 벗어나면 자신이 엇나갔던 그 시작점으로 돌아가게 된다. 마약이나 알코올 중독은 나름 그 현실이 있다. 좋든 나쁘든 현실에서 하던 일상의 그 무엇이 있다. 그곳으로 돌아가 전에 자신이 하던 그 뭔가의 일을 하면 된다. 그러면 점점 자신이 했던 일의 노력과 힘과 정성을 느끼기 시작한다. 유혹은 있지만 떨쳐낼 수 있는 것은 그 일상의 진지함이 자신을 붙잡기 때문이다. 하지만 도박은 그러기 쉽지 않다. 돌아갈 시작점이 어딘지 모르고 새출발할 일상의 현실을 찾기 어렵다. 왜냐하면 그가 해왔던 것들에 자신의 노력, 힘, 정성 등이 빠져 있기 때문이다. 그러다 보니 무엇을 했었는지, 무엇을 하고자 했던 것인지 아득해지기만 한다. 유혹은 여전한데 떨쳐낼 수 있는 그 일상의 진지함으로 자신을 붙잡기 어렵다. 그 일상이 하나도 기억나지 않기 때문이다.

박을 타서 대박 난 흥부를 향한 우려가 이것이다. '어쩌면 그 일상이 없었던 것은 아닐까?' 놀부는 농사를 지어 점점 더 많은 부를 축적하는 가부장적인 방법을 택했다. 그는 일정하게 자신이 해야 할 일이 있었다. 하지만 흥부는 매번 무에서 유를 창조하겠다는 확신에 차 있었다. 그러니 주변 일상이 늘 제로였다. 자신의 노력과 피땀, 정성을 들여 뭔가를 이루겠다는 생각을 한 적이 없으니 붙잡을 진지함이 없다. 다시 요행수를 바라는 것만이 그가 할 수 있는 유일한 일이다. 아무리 생각해도 『흥부전』 이후는 좋은 그림이 그려지지 않는다.

박에서 나온 것들은 무엇을 상징할까

『흥부전』이 우리의 고전인 이유는, 그리고 많은 사람들의 심금을 울린 이유는 단순히 흥부 놀부 형제의 우애 이야기가 아니기 때문이다. 착하게 살면 복을 받고 악하게 살면 벌을 받는다는 단순한 권선징악 이야기여서도 아니다. 분명 놀부와 흥부가 우애롭게 사는 것으로 이야기는 끝이 난다. 제비 다리를 부러뜨리고 억지로 박씨를 얻은 놀부는 패가망신했지만 부자 흥부가 도와주어 다시 부자가 되었다로 끝나기에 그렇게 보인다. 하지만 『흥부전』의 고전다움은 그런 해피엔딩 때문이 아니라 더 깊고 심오한 그 무엇이 있기 때문이다.

형 놀부와 동생 흥부는 똑같았다. 하는 짓이나 생각이나 모든 게 대조적이었지만 사실은 동일했다. 앞서거니 뒤서거니만 다를 뿐이다. 그들이 탄 박에서 나온 것들을 살펴보면 이 점을 분명히 알 수 있다. 흥부가 켠 박에서는 가난뱅이가 부자가 될 수 있는 온갖 진귀한 보물들이 쏟아져 나왔다. 죽은 사람도 살린다는 환혼주還魂酒, 소경 눈을 번쩍 뜨게 하는 개안주開眼酒, 벙어리도 달변가가 된다는 개언초開言草, 거기에 불로초不老草, 불사약不死藥 등 당대 민중들의 꿈과 희망이 가득 담긴 그야말로 산타클로스의 선물 보따리에서 튀어나올 만한 것들이다.

물론 쌀도 나오고 돈도 나왔다. 옷도 나오고 이불도 나오고 자개로 만든 진귀한 옷장도 나왔다. 흥부는 싫어했지만 열심히 공부하라고 『논어』, 『맹자』, 『천자문』 같은 책들도 튀어나왔고, 흥부 아내가 인상을 찌푸렸지만 첩이 될 양귀비도 사뿐사뿐 걸어 나왔다. 일꾼들과 종들도 우르르 몰려 나와 뚝딱뚝딱 고대광실 집도 지어주었다. 그 시대 백성들이 바라 마지않던 모든 게 박 속에 담겨 있었다.

한편 놀부가 켠 박에서는 정말 당대 부자들이 패가망신할 수밖에 없는 것들이 죄다 튀어나왔다. 초상이 났다며 상여 행렬이 나오더니 제물祭物 값을 요구하고, 온갖 무당들이 달려 나와 굿판 비용을 내놓으라고 협박했다. 온 나라 거지들과 노숙자들이 튀어나와 집에 들러붙는 통에 어쩔 수 없이 그들에게도 뜯기고, 기생들도 쪼르르 나와 붙잡고 애교를 떨며 재산을 털어갔다. 게다가 "네놈 선조가 우리 집 종이었다!"라고 호통을 치며 두들겨 패고는 "속량을 해줄 테니 수천 냥을 바쳐라" 하는 양반도 있었다. 심지어 당장 쳐 죽이겠다며 장비張飛가 달려 나와 눈을 부라렸다. 맞다, 『삼국지』의 그 장비 말이다. 이리저리 맞고 치이고 뜯기고 털리면서 놀부네는 망하고 만다. 놀부가 켠 박에서 나온 것들은 부자들이 패가망신하는 이유를 순차적으로 보여준다.

그러나 따지고 보면 놀부도 박을 하나만 탔으면 괜찮았을 것이다. 그렇다. 놀부가 패가망신한 이유는 흥부처럼 끝없이 박을 탔기 때문이다. 앞서 말한 것처럼 흥부가 계속 대박일 수 없듯이 놀부가 계속 쪽박일 수는 없다. 하지만 이야기는 그렇게 꾸며져 있지 않고 흥부는 대박만, 놀부는 쪽박만 나게 그려졌다. 바로 여기에 『흥부전』의 핵심이 있다. 둘이 똑같다는 것, 반대로 보이지만 둘 다 동일하게 극단적으로 끝을 향해 달려간다는 것이다. 닮은 것을 넘어 거울을 마주한 듯이 둘은 무척이나 동일하다는 사실을 『흥부전』은 냉철하게 지적한다.

그래서 절대 놓치지 말아야 할 게 있다. 놀부가 탄 박에서 단순히 도적 강도가 나와 그의 집안을 패가망신시킨 게 아니라는 사실 말이다. 놀부는 혹하기 쉬운 예쁜 기녀에게만 뜯긴 게 아니고, 뭔가 이루어 줄 듯한 무당들에게만 털린 게 아니었다. 자기 집안도 아닌 엉뚱한 초상집 상주에게도 돈을 냈다. 심지어 평소 무시하던 가난한 자, 병든 자, 장애인, 노숙자들에게도 돈을 내주었다. 사실 이들은 평소 놀부가 심술을 부리고 괴롭히던 부류였다. 그랬던 그들이 집요하게 달라붙자 두 손 두 발 다 들고 재물을 주고 만 것이다. 이는 아주 중요한 점을 시사한다.

본래 당대 부자라면 이들을 도와주어야만 했다. 꼭 부자가 아니더라도 당대를 같이 살던 사람이라면 누구든 이들을 외면하지 않고 도와주었다. 그것이 도의道義였다. 많이 가진 자는 많이, 적게 가진 자는 적게나마 어려움에 처한 이들을 불쌍히 여기고 도와주었다. 그것이 부조扶助다. 돌려받으려고 하는 게 아니라 그들의 딱한 처지에 공감하고 도와주는 마음씨다. 이는 인간이라면 마땅히 해야 할 도리였고, 다들 그렇게 살았다.

처음 가난할 때 놀부는 어땠을까? 도의를 무시하고 부조도 안 했을까? 조금 부유해지기 시작했을 때 놀부는 어땠을까? 부조를 아까워했을까? 가진 것은 많지만 한 푼도 주기 싫어했을까? 그 답은 박에서 나온 온갖 사람들에게 시달리는 대목에 담겨 있다. 결국 놀부도 그들에게 주었다. 이는 놀부도 부조를 알고 있단 의미다. 즉, 그도 자기 것을 남에게 베푸는 일을 했단 뜻이다. 그도 인간답게 부조하고 도의를 지키고 도리를 아는 자였다. 다만 너무 많이 너무 끝도 없이 달려드는 그들에게 질색했다. 고마움도 모르고 배려가 권리인 줄로 착각하고 아량을 당연하다고 여기는 몰상식한 사람들에게 지쳐 마음이 딱딱해졌다. 바로 흥부 같은 자들 때문에 신물이 나서 점점 굳어지고 강퍅해진 것이다. 그렇게 마음이 한번 굳어지고 틀어지자 놀부는 심술보가 늘어난 탐욕의 화신이 되고 말았다.

놀부는 부를 지키고 늘리기 위해 일을 했다. 흥부는 일은 하지 않고 일확천금을 노렸다. 놀부가 전통적인 농사에 천착했다면 흥부는 새로운 상공업에 눈을 떴다고 할 만하다. 그들의 삶의 방식은 달랐지만 삶의 지향은 동일했다. 박을 끝까지 타는 것처럼 끝없이 극단으로 달려갔다. 놀부가 폭주해 심술을 부렸다면 흥부도 폭주해 '척'하는 욕심으로 치달았다. 놀부는 나빴다. 그러나 좋은 면도 있었다. 흥부는 착했다. 그러나 역시 나쁜 면도 없지 않았다.

그렇다면 '누가 선인이고 누가 악인인가? 누가 옳고 누가 그른가?' 사실 이 질문이 문제다. 질문 자체가 잘못이다. 세상은 O, X로 판가름하는 이진법 세상이 아닌데, 우리는 늘 둘 중 하나로 귀결지으려 한다. 컴퓨터도 아니고 AI도 아니면서 사고와 생각, 행동, 판단은 꼭 그렇게 하려고만 한다. 그렇게 하지 않거나 그렇게 되지 않는 게 있으면 불안해한다. 주변의 모든 게 쉽고 간단하고 명징하게 똑 떨어져야 한다고 믿는다.

서양의 구조주의構造主義에서 말하는 이항대립binary opposition
은 의견이나 처지, 속성 등 서로 반대되거나 모순인 두 가
지가 이룬 짝을 말한다. 선이 있으면 악이 있고, 하늘이 있
으면 땅이 있고, 남자가 있으면 여자가 있듯이 세상은 이
렇게 대립하는 두 개가 짝을 이루어 구조화되어 있다는 것
이다. 그런 면도 있다. 하지만 그 둘의 간극에 무수히 많은
것들이 존재하고 그 무수히 많은 것들로 채워진 세상에서
우리가 살고 있다.

놀부와 흥부를 '우직한 형 vs 말썽쟁이 동생', '욕심쟁이
형 vs 뼛속까지 장사꾼인 동생', '인생은 꾸준한 것이다 vs
인생은 한 방이야'라는 이항대립의 구조로만 본다면 아주
크게 그르치는 것이다. 인생은 그렇지 않으니 말이다. 사실
어린 시절부터 내내 우리를 따라다닌 담론이 이것이다. 흥
부든 놀부든 누구 하나를 '좋다'고 정하면 다른 하나는 무
조건 '나쁘다'고 규정해야 하는 이항대립적 사고 방식. 그
것이 문제였다.

흥부와 놀부는 그렇게 설명할 수 없다. 흥부는 착하고
놀부는 나쁜 놈이 아니다. 선명하게 둘로 나누고 싶어도
안 된다. 둘은 형제지 '선-악'이 아니니까. 흥부는 착하지

만 흥부는 나쁘다. 흥부는 얼간이고 흥부는 놈팡이며 흥부는 일확천금을 꿈꾸는 몽상가다. 하지만 그 흥부는 우리와 꼭 같다. 그래서 안쓰럽고 그래서 답답하고 그래서 괴롭기도 하다.

놀부는 나쁘지만 착한 심성을 지니고 있다. 화를 내지만 낼 만하고 성질을 부리지만 그럴 만했다. 열심히 노력해 집안을 일으켰고 유지했고 발전시키려 했다. 놀부는 악인이 아니다. 무시무시한 흉악범도 강도도 아니다. 그는 답답한 동생 때문에 속 썩는 형일 뿐이다. 열심히 일하고 집안을 단속해 잘 꾸려가려 골몰하는 우리 곁에 있는 한 명의 인간일 뿐이다.

『흥부전』은 둘 중 한 명을 고르라는 게임이 아니고, 둘 중 한 명처럼 살아야 한다는 교훈서도 아니다. 『흥부전』은 놀부 흥부가 보여주는 모습을 통해 단순한 선악 판단을 넘어 두 극단적 삶과 행동, 사고와 가치가 똑같이 문제라는 사실을 날카롭게 지적한다. 그리고 그 두 극단 사이에 무수히 많은 모습이 스펙트럼처럼 펼쳐져 있는 게 세상이며, 그 사이 어딘가에 우리 인생이 자리하고 있다고 웅변한다.

흥부 놀부가 우리이고, 그들 삶이 우리 삶이다. 흥부가 딱 그런 모습으로 저만치 서 있으면 놀부는 딱 요런 모습으로 이만치 서 있다. 둘은 같이 있다. 당연하다. 둘은 형제니까. 그러니 같이 서 있고 같이 살았다. 우리 민중은 그것을 읽고 보고 느끼고 즐겼다. 자신들과 꼭 닮은 사람들이기 때문이다.

『흥부전』은 인간다움이란 무엇인지, 삶은 어떻게 살아야 하는지, 우리 세상은 어떠한지를 돌아보게 한다. 그렇게 『흥부전』은 우리에게 당신은 어떤 놀부이고 당신은 어떤 흥부인지를, 당신은 어떻게 살 생각인지를 묻는다. 그 물음에 성실하게 답하는 게 고전을 고전답게 하는 길이다.

2부

『춘향전』

춘향은 정절의 상징이 아니라
자기결정권의 혁명가다

○

『춘향전』의 본질은 수동성이 아니라 능동성이며,
기다림이 아니라 쟁취하는 것이고,
아무도 인정하지 않지만
나 스스로 그것을 뚫고 나가려는 강한 열망이다.

1

『춘향전』에 관한 3가지 오해

춘향은 예뻤다

『춘향전春香傳』을 모르는 한국 사람은 없다. 외국인들도 한 두 번 정도는 '춘향'이라는 이름을 들어보았을 수 있다. 외 국인에게는 어떨지 모르겠으나 '춘향春香'이란 이름은 확실 히 촌스럽고 '봄의 향기'란 뜻은 노골적이고 원색적이다. 이름을 하도 들어 잘 못 느낄 뿐이지 매월梅月, 추월秋月, 난 향蘭香처럼 그야말로 기녀 이름으로 딱이다.

그러나 우리에게 '춘향'은 단순한 이름 그 이상이다. 하 지만 『춘향전』을 처음부터 끝까지 읽어본 경우가 많지 않다 보니 내용을 아는 것 같지만 사실 잘 모른다. 열녀 이야기 아니냐고 생각할 수 있다. 물론 그런 면도 있다. 하지만 춘향은 단순한 열녀가 아니고 『춘향전』은 열녀 이야기가 아니다. 그러면 변학도 같은 탐관오리가 발호하는 당대 모순을 비판한 작품 아니냐고 말할 수도 있다. 당대 모순을 비판한 것은 맞지만 변학도 개인의 문제로 한정 짓는다면 핵심을 빗겨간 것이다.

이 모든 오해 아닌 오해가 생긴 이유는 고전을 관념으로만 받아들이고 줄거리로만 이해했기 때문이다. 당대 사람들이 『춘향전』에 환호했던 것은 우리가 지금 안다고 생각하는 것보다 더 깊은 핵심에 공감했기 때문이고, 우리가 『춘향전』에 열광하지 못하는 이유는 잘못 알고 있기 때문이다. 『춘향전』은 엄청난 작품이고 진심 우리 민족의 고전이라고 하기에 손색이 없다. 단순한 열녀 이야기, 암행어사 이야기, 사회 비판 이야기로 치부하면 안 된다. 진지하게 차근차근 『춘향전』을 살펴보아야 춘향이 하고 싶은 말의 진지한 목소리를 들을 수 있다.

그래서 지금부터 할 이야기가 어쩌면 조금 불편하게 느껴질지도 모르겠다. 공연히 '위대한 춘향', '잘 있는 춘향'을 휘저어 깎아내린다고 오해할 수도 있다. 하지만 믿으시

라. 진짜 춘향의 맨얼굴을 알게 되면 분명 지금보다 더 큰 감동을 받을 게다, 틀림없이.

춘향에 대해 알아야 할 첫 번째는 그녀가 엄청난 미인이었단 사실이다. 소설의 주인공들이란 자고로 하나같이 멋지고 잘생긴 재자가인才子佳人이지만, 춘향은 그중에서도 독보적이다. 이유는 이야기가 탄생한 연원에 있다. 여러 설화가 이리저리 모이고 합해져 『춘향전』이 형성되었는데 그중 '박색 춘향 설화'가 있다.

우리가 아는 춘향 말고, 그보다 오래전 남원에 춘향이라는 기녀가 있었단다. 그런데 이 춘향은 외모가 상당히 볼품없었다고 한다. 기녀는 관청에 소속되어 오고 가는 지방관이나 손님을 접대하는 일을 했다. 밥도 차리고 이부자리도 살피고 당연히 침실에서의 수발도 들었다. 그것이 기녀의 본업이었다. 그런데 이 춘향이 나타나기만 하면 지방관이든 양반이든 모두가 질색했다. 박색薄色이었기 때문이다. 그래서 단 한 번도 양반을 모시지 못했고, 그런 외면과 따돌림당하는 처지를 비관해 생을 마치고 말았다. 그렇게 죽은 춘향이 원혼이 되어 남원 고을에 재앙을 내렸다. 고을 백성들은 그녀의 한을 풀어주기 위해 '춘향굿'을 했고, 그렇게 원혼은 위로받았다고 한다.

이때 베풀어진 굿 내용을 바탕으로 만들어진 이야기가 우리가 아는 『춘향전』이다. 그래서 이야기 속 춘향은 보는 사람마다 홀딱 반할 정도로 빼어난 미녀로 그려졌다. 원통함을 달래주기 위한 굿이었기에 정반대로 형상화한 것이다. 그러니 우리가 꼭 기억해야 할 첫 번째는 '춘향은 예뻤다'는 것이다. 이몽룡만이 아니라 변학도도 한눈에 반할 정도로 뛰어난 미녀였고, 누구든 그녀를 탐낼 수밖에 없었다. 이렇게 그녀를 둘러싼 외적 상황은 그녀가 자신을 돌아보는 계기가 되었다. 이 점을 잊지 말아야 한다.

방자는 고유명사가 아니다

『춘향전』의 주요 등장인물은 춘향, 이몽룡, 변학도, 월매, 향단, 그리고 방자다. 이 호칭을 모두 사람의 이름으로 알고 있다. 무엇보다 춘향의 몸종 '향단'이 그녀의 이름이다 보니 이몽룡의 몸종 '방자'도 그의 이름인 줄로 안다. 하지만 아니다. 방자는 사람 이름이 아니라, '방 방房'자에 '놈 자子'자로 그냥 심부름하는 '몸종'이란 뜻이다. 그런데 이것을 사람 이름인 줄 알고 황당하게도 『춘향전』 내용 자체를 잘못 이해하기도 한다.

알다시피 변학도가 남원에 부임한 후 춘향이는 감옥에 갇힌다. 춘향은 옥중에서 한양에 간 도령님이 빨리 돌아와 자신을 구해주기를 바라는 마음으로 편지를 써 방자에게 전해준다. 방자는 그 편지를 쥐고 한양으로 달려간다. 이때 암행어사가 되어 남원으로 내려오던 이몽룡과 방자가 길 위에서 우연히 만난다. 이몽룡은 다급히 서울로 올라가는 방자가 이상스럽고 궁금해 그를 붙잡고 "어딜 그리 급히 가느냐?"고 묻는다. 그러자 방자는 이런저런 일로 옥에 갇힌 춘향이가 한양에 있는 이몽룡에게 쓴 편지를 전해주러 간다고 답한다.

춘향이 자신 때문에 고초를 당한다는 마음에 놀랍기도 하고 안타깝기도 한 몽룡은 편지를 보자고 한다. 당연히 말도 안 되는 소리다. "당신이 뭔데 남의 편지를 보자고 한 단 말이오?" 그러자 이몽룡은 한참 어려운 옛 구절을 줄줄 읊으며 방자의 혼을 쏙 빼놓는다. "원래 편지라는 것은 보 내기 전에 잘 썼는지, 못 썼는지 마지막으로 다시 한번 확 인해야 하는 법이니라." 틀린 말은 아니지만 그렇다고 해 서 길에서 만난 아무 상관없는 사람이 편지의 내용을 확인 할 일은 아니다. 그러나 어수룩한 방자는 이몽룡의 달변에 홀딱 넘어간다. "그럼 한번 봐주시오" 하며 건넨다. 이몽룡이 편지를 열어보니, 거기에는 애타게 그가 돌아오기만을 고대하는 춘향의 절절한 마음이 담겨 있다. 편지를 읽은 이몽룡은 방자에게 서울에 갈 필요 없다며 걱정 말라고 한다.

자잘한 실랑이와 말장난이 조금 더 이어지지만, 아무튼 이 대목을 읽은 독자들은 조금 의아하지 않을 수 없다. '엥? 방자가 이몽룡을 몰라본다고? 함께 지낸 게 얼만데 그새 잊어버릴 수가 있다고?' 당연히 방자는 이몽룡을 몰라볼 수밖에 없다. 전혀 다른 사람이기 때문이다.

우습게도 예전 어느 시험에서는 이 대목에서 방자가 이몽룡을 못 알아본 이유를 문제로 출제하기까지 했다. 그리고 그 답은 '암행어사가 된 이몽룡이 몰락한 양반 거지 복색으로 변장했기 때문에 못 알아봤다'였다. 말도 안 되는 소리다. 정답이 틀렸다. 이 '방자'는 이몽룡의 종 방자가 아니라 다른 방자, 즉 그냥 다른 종이었다. 그러니 당연히 못 알아볼 수밖에.

지금도 여전히 많은 사람들이 방자를 사람의 이름으로 오해한다. 방자는 향단처럼 고유명사가 아니라 선생, 학생, 주인, 선비처럼 보통명사인 '종'을 뜻하는 단어다.

춘향은 기녀가 맞다

춘향은 기녀妓女다. '아니라던데…' 하고 부인하는 분도 있을 텐데, 아니다. 기녀가 맞다. 그녀의 어머니 월매가 기녀 생활을 하다가 은퇴한 퇴기退妓이니 그 딸도 기녀 명부인 기안妓案에 오르는 기녀다. 신분제 사회인 조선에서 한번 기녀는 영원한 기녀이고, 기녀가 병들거나 늙어 퇴직할 때는 그 딸이나 조카딸을 대신 들여놓고 기녀 직에서 벗어났다. 이를 대비정속代婢定屬이라고 한다. 대신 누군가를 들여놓아야 벗어나는 이유는 기녀가 꼭 필요한 직종이었기 때문이다.

어떻든 월매가 은퇴했다면, 그것은 자신의 딸 춘향을 기녀로 들였든지 다른 누군가를 들였다는 뜻이다. 어떤 이본에선 대비정속해 춘향이 평민이 되었다고 쓰여 있기도 하다. 『춘향전』이 워낙 유명하고 백성들의 열망이 담긴 소설이다 보니 이렇게 저렇게 자기 입맛에 맞게 변개시킨 이본이 없지 않다. 하지만 그런 변개 자체가 춘향의 신분이 기녀였다는 방증이다. 애초에 그렇지 않다면 그런 열망이 담긴 변이형이 나올 리 없으니 말이다.

어떤 이본이든 바뀌지 않는 내용은 춘향이 퇴기 월매

의 딸이라는 점이다. 그것은 춘향을 아무리 좋게 봐 기녀가 아니라고 강변해도 천민賤民이라는 의미다. 춘향을 평민이나 양반으로 보고 싶은 분들의 마음은 알겠지만, 춘향은 기녀가 맞다. 기녀 행위를 했느냐 안 했느냐는 중요치 않다. 춘향이 변학도에게 "저는 기녀가 아닙니다"라고 항변한 대목이 물론 있다. 하지만 그녀의 희망 사항일 뿐, 같은 작품에서 방자와 수작하는 대목에서는 자신이 기녀라고 인정한다.

사실 『춘향전』은 이본마다 춘향의 신분이 제각각이다. 기녀라고도 하고, 기녀가 아니라고도 하고, 평민일 수밖에 없다고도 하고, 심지어 양반집 서녀庶女라고도 한다. 그야말로 종잡을 수 없이 혼란스럽다. 이러니 '춘향이 정말 기녀인가?'라는 질문은 늘 문제적이다. 춘향의 신분을 둘러싼 논의가 뜨거운 감자가 된 이유는 춘향을 '우리 춘향이'로 보는 당대 시선이 개재되어 있기 때문이다. 그래서 이본이 신분에 대해 은근슬쩍 온갖 '썰'을 풀어놓은 것이다. 천민 중 가장 밑바닥인 기녀 춘향을 어떻게든 좋게 보고자 하는 민중의 열망 때문에 그렇게 혼란스럽게 온갖 소리가 덧입혀졌다.

그러나 본질은 단순하고 명쾌하다. 조선은 신분제 사회

였고 자식은 어머니의 신분에 따라 결정되는 종모법從母法이 기본이었다. 게다가 일천즉천一賤則賤의 법칙도 있었다. 어머니가 평민이나 중인이라도 아버지가 천민이라면 자식이 천민이 되는 것이다. 즉, 어머니 쪽만 따르면 자식이 천민에서 벗어나기에 그렇게 하지 못하도록 '부모 중 한쪽이 천민이면 자식은 반드시 천민이다'라고 한 법이다.

이렇게 어떻게든 천민으로 규정하게 만든 이유는 천민은 국가나 양반의 재산이기 때문이다. 주인인 양반 입장에서 본래 자신의 재산이던 그들의 자식이 천민에서 벗어나기 시작하면 제 재산에 손실이 발생한다. 그래서 어떻게든 그 주인의 재산권을 보호하기 위한 방법으로 고안된 게 종모법과 일천즉천법이다.

천민은 결코 쉽게 벗어날 수 있는 신분이 아니다. 심한 비유지만 소나 말이 그렇듯이 주인의 가축처럼 여겨지는 재산이기 때문이다. 조선은 인간이라고 해서 모두 같은 인간처럼 여기는 시대가 아니었다. 이를 마음속에 담고 한번 생각해보라. 월매는 은퇴한 기생이다. 그러니 그 딸도 기녀다. 그리고 기녀는 꼭 필요한 직종이었다. 혹시 월매가 자기 딸 대신 다른 여성을 기녀로 들이고 은퇴했다 해도 춘향이 천민인 사실은 변하지 않는다.

여전히 찜찜하다면 춘향의 성姓이 무엇인지 생각해보라. 대개가 '성춘향成春香'으로 알고 있다. 그녀의 아버지가 성 참판이기에 그렇다는 것이다. 하지만 '성춘향'은 지금의 전주 지방에서 판각되어 유통된 『열녀춘향수절가烈女春香守節歌』의 영향을 받은 작품에서만 그렇다. 서울 지역에서 유통된 『춘향전』에서는 춘향의 성이 '김'이다. 즉, '김춘향金春香'이다.

사실 『춘향전』 이본 중 가장 주목해야 할 이본은 서울에서 유통되던 『남원고사南原古詞』로, 『열녀춘향수절가』보다 적어도 30년가량 먼저 출현했고 분량도 두 배 이상 많고 풍성하다. 무엇보다 돈을 받고 책을 빌려주던 세책점의 세책본賣冊本이라 훨씬 더 많은 사람들이 읽던 텍스트였다. 그 『남원고사』에 등장하는 춘향의 성이 '김'이다. 그러니 광복 이전까지 서울 사람 대부분은 춘향을 김춘향으로 알고 있었다. 그때 『춘향전』의 성춘향 어쩌고 하면 아마 고개를 갸우뚱했을 가능성이 크다. 광복 이후 영화, 드라마 등에서 춘향을 '성춘향'으로 고정시켜 만들면서 성춘향이 되어버린 것이다.

그러나 사실 진짜 춘향의 성은 없다. 이른 시기의 대다수 『춘향전』 이본은 다 그렇다. 당연한 소리다. 낳아준 어머니는 확실하나 아버지를 모르기에 그렇고, 혹시 안다 해도 성을 붙이기도 쉽지 않다. 기녀는 자신이 임신한 아이의 아버지가 누구라고 함부로 말할 수 없었다. 그 남성이 가문에서 기녀를 첩으로 받아준다면 모를까, 그냥 버려지는 상황인데 누구의 자식이네 뭐네 했다가는 경을 칠 일이었다. 신분제 사회란 그런 것이다.

결국 춘향의 어머니는 월매가 분명하지만 아버지는 누구인지 모른다는 게 『춘향전』 원전의 본질이다. '우리 춘향이'를 응원했던 당대 사람들은 어떻게든 춘향의 아버지를 고위 양반으로 만들어 그녀의 위상을 높이려 했지만 현실은 냉혹하다. 물론 아버지가 돈을 많이 내고 기녀 신분에서 벗어나게 해줄 수는 있지만 이 역시 희망 사항이다. 춘향이가 어머니와 함께 살고 있었다는 것을 보면 누군가 속량贖良해준 것은 아니다. 아버지가 속량했다면 제 집에 데려와 살게 했을 것이고, 돈 많은 다른 누군가가 그녀를 기녀에서 벗어나게 해주었다면 자기 첩으로 삼았을 것이다. 그러나 춘향은 16세에 이몽룡을 만날 때까지 어머니 월매와 함께 살았다. 속량된 적이 없는 것이다.

다양한 이본의 혼란스러움을 정리하기 위해 우리는 이제부터 최초의 『춘향전』 모습을 통해 춘향을 살펴볼 것이다. 아마도 깜짝 놀랄 게다.

　자, 이제 분명한 사실을 앞에 놓고 생각해보자. 눈이 휙 돌아갈 만큼 기가 막히게 예쁜 여성이 있고 그 여성의 어머니는 기녀란다. 신분으로 모든 게 결정되는 조선시대, 사회적 장벽과 관념이 첩첩한 시대에 가장 밑바닥에 있어 누구든 함부로 할 수 있는, 그것도 남성이 아닌 어린 여성이 있다. 그런데 모두가 탐낼 정도로 예쁘기까지 하다. 자, 어떤가? 느낌이 오는가? 솔직히 난 마음이 불안불안하다. 그녀의 앞날이 순탄해 보이지 않는다. 아무리 좋게 예측해도 결코 꽃길이 펼쳐질 것 같진 않다. 『춘향전』은 이렇게 조마조마하게 시작한다.

2

변학도는
억울하다

변학도는 음탕한 탐관오리였을까

『춘향전』을 제대로 이해하기 위해 꼭 짚고 넘어가야 할 인
물이 변학도다. 사실 우리 고전에 등장하는 인물 중 변학
도만큼 오해를 많이 받는 캐릭터도 없다. 일단 변학도는
'나쁜 놈'이다. 여색女色만 밝히는 음탕한 난봉꾼이자, 남원
고을을 제대로 돌보지 않고 사리사욕만 채우는 탐관오리貪
官汚吏라고 우리는 알고 있다. 이렇게 악인의 전형이 되어버
린 그는 정말 억울하기 짝이 없다. 조선시대 현실을 감안
하면 더욱 그렇다.

물론 변학도가 여색을 밝히는 인물일 수도 있고 남원에서 탐학무도貪虐無道한 짓을 했을 수도 있다. 하지만 그가 그렇게 매도된 이유는 단 하나다. 암행어사가 되어 내려올 이몽룡의 옛 연인인 춘향을 탐했던 게 문제다. 그로 인해 음란함과 부패한 정치가라는 이미지까지 덧씌워진 것이다. 변학도가 정말 음란한 인물인지 따져보자.

그가 음탕한 자로 규정된 것은 부임하자마자 기생점고妓生點考를 했단 이유 때문이다. 그러나 음탕함과 기생점고는 아무 관련이 없다. 그러면 왜 기생들을 일일이 호명하고 확인한 것일까? 본인이 할 일이었기 때문이다. 기생점고는 신임 지방관이 꼭 해야 하는 인수인계로 하지 않으면 오히려 직무 유기다. 회사에 다니는 분들이라면 대번 알겠지만, 맡은 일을 다음 사람에게 건네주는 인수인계는 필수다. 혹시 인수인계를 안 하겠다는 사람이 있으면 그건 그냥 나쁜 정도가 아니라 맹랑한 사람이다.

조선시대에도 인수인계는 필수였다. 전임 사또와 후임 사또가 바뀔 때 꼭 해야 하는 업무였다. 후임 사또는 그렇게 인계받은 내용에 따라 장부를 짚어가며 남원의 온갖 것들이 제대로 있는지 확인한다. 창이 몇 자루, 칼이 몇 자루, 가마솥이 몇 개 등등 말이다. 하다못해 자잘한 숟가락, 젓

가락, 그릇 등까지 모두 기록된 대로 확인하는 작업은 필수다. 그리고 당연히 사람들에 대해서도 점검한다. 포졸 몇 명, 하인 몇 명 하는 식으로. 그중에는 기녀도 인수인계 대상이다. 우리가 중고등학교에서 기녀가 어쩌고저쩌고하면서 상당히 미화시켜 알고 있어 그렇지, 기녀는 '관청의 기물器物'과 동일한 존재다.

관기官妓는 지방에 출장 온 손님들을 접대하기 위한 필수 요원으로 남원은 물론 어느 관청이든 법률로 그 숫자를 정해놓았다. 그런데 보통 지방관이 내려와 한 기녀와 지내다 보면 정이 들게 마련이고, 그러다 보면 그곳을 떠날 때 그 기녀를 데려가는 경우가 왕왕 있었다. 국법에 어긋나지 않으려면 다른 기생을 채워 넣어야 하는데 이는 거의 불가능한 일이었다. 이렇게 관기를 빼돌리는 폐해를 방지하기 위해 법으로 이를 금했고, 신임 사또는 필수적으로 그 인원을 확인했다. 그것이 기생점고다. 변학도가 특별히 음탕해서 기생점고부터 한 게 아니라 국가 재산인 관기를 점검했을 뿐이다.

그렇다. 독자들의 눈에 이게 불편했던 것이다. 사람을 짐승이나 물건으로 여기는 시각이 마뜩잖았고, 그래서 자꾸 본질을 어그러지게 보았던 것이다. 기녀는 천민으로 그냥

막 대하는 존재였다. 『춘향전』에서도 이몽룡의 종인 방자가 춘향에게 '하대하는 말'을 했다. 춘향의 나이가 어리고 방자의 나이가 많아서 그런 게 아니라, 같은 천민 중에서도 기녀는 늘 무시당하는 존재였기 때문이다. 그래서 같은 천민이면서도 방자가 함부로 대했던 것이다.

방자만 그런 게 아니다. 춘향이 억울하게 옥살이를 하는 동안에도 마을의 온갖 잡배들이 찾아와 그녀를 만만히 여기며 멋대로 주물러댔다. 좀 내용이 난감해서 『춘향전』 원문 언급을 생략하겠지만 사람들이 춘향을 얼마나 능멸하며 괴롭혔는지 이 대목만 봐도 아주 신랄하게 알 수 있다.

변학도에 대한 잘못된 또 하나의 이미지인 '탐관오리' 역시 그를 매도하는 시선이다. 변학도가 부정적인 인물이었을지는 모르겠으나 부패한 정치인으로 몰아세우기에는 그에게 주어진 시간이 너무 부족하다. 탐관오리는 벼슬을 탐내 돈이나 협잡으로 권력을 얻은 후, 자신이 그 자리를 얻기 위해 들인 금전을 벌충하고도 남을 만큼 백성들을 쥐어짜 제 뱃속를 채우는 더러운 벼슬아치를 말한다.

변학도가 진짜 그런 인물일 수도 있다. 청탁과 돈으로 남원 고을의 사또가 되어 부임했을 수도 있고, 백성들의 고혈을 쥐어짜려 했을 수도 있다. 이렇게 가정하는 이유는 변학도가 정말 탐관오리였어도 그가 백성을 쥐어짤 시간이 별로 없었기 때문이다. 『춘향전』 이야기를 떠올려보면 금방 알 수 있다. 신임 사또인 변학도가 춘향에게 수청을 들라고 한 일로 춘향이 옥에 갇히고, 그럼에도 계속 발악하자 변학도가 자기 생일 잔치에 춘향의 목을 베려 했다. 그때 암행어사가 된 이몽룡이 나타나 변학도를 징치한다. 자, 과연 얼마의 시간이 걸렸을까?

이몽룡이 떠난 후 돌아오기까지의 시간은 춘향이 감옥에 갇힌 시간과 같고, 그것은 변학도가 부임해 암행어사에게 혼쭐나기까지의 시간과도 같다. 아무리 길어도 1년을 넘기기는 어렵다. 냉정하게 따져보면 변학도 생일에 어사가 출도했으니 변학도 생일이 남원 부임 이전이라면 변학도의 사또 노릇이 대충 1년에서 몇 개월 모자라는 정도였을 테고, 변학도 생일이 남원 부임 이후라면 사또 노릇을 한 시간이 그보다 더 짧았을 것이다. 아무튼 길게 잡아도 변학도가 남원에서 사또 노릇을 한 시간은 1년 정도다. 그러므로 아무리 변학도가 부패한 탐관오리라 해도 그가 백성들의 고혈을 짜낼 시간이 길어야 그 정도였단 뜻이다. 이러니 변학도가 탐관오리가 되고 싶어도 그러기에는 시간이 너무 부족하다.

기녀는 수청을 들어야 한다

변학도가 음탕함의 대명사로 알려진 가장 큰 이유는 춘향
에게 수청守廳을 강요했기 때문이다. 따지고 보면 모든 게
이 때문에 벌어진 일이다. 결론을 미리 말하면 변학도의
수청 요구는 조금도 과도한 게 아니었다. 흔히들 '수청'을
성적 관계로만 한정해 생각하는데 그렇지 않다.

조선시대에 지방으로 출장을 가는 관리는 숙소에 묵으
면 당장 모든 게 곤란했다. 어디서 밥을 먹는지, 물은 어떻
게 먹는지, 하다못해 세수는 어떻게 해야 하는지, 방이 추
워 불을 때려면 어떻게 해야 하는지 등등 한도 끝도 없다.
지금이야 모든 게 구비되어 있는 호텔에 묵으면 그만이지
만, 예전에는 이 모든 것을 누군가가 해야만 했다. 밥을 해
바치고, 방이 따뜻하도록 불도 지피고, 씻을 물도 대령하
고, 잠자리도 살펴야 했다. 이런 모든 수발을 드는 것을 '수
청'이라고 한다.

즉, 수청은 오늘날 호텔에서 하고 있는 모든 서비스가
다 포함된 접대로, 지방관을 비롯해 출장을 온 관리에게
필수적으로 행해지던 돌봄이었다. 나라에서 이런 수청을
들 수 있도록 전문적인 직종을 마련했는데 그것이 말했듯

이 '기녀'다. 본질적으로 조선시대 모든 기녀들은 관청에 소속된 관기였고, 이들은 당연히 공적 활동을 해야 했는데 그것이 수청이다. 그러니 기녀에게 수청은 선택 사항이 아니라 본업이다.

조선시대 실제 이런 일이 있었다. 한 지방관이 자기 고을에 온 관리를 맞이했는데, 때마침 기녀가 휴가여서 수청을 들 수 없었다. 그래서 자기 집 여종을 시켜 대신 수청을 들게 했다. 누군가는 수발을 들어야 하니 당연한 조치였으나 이것이 문제가 되었다. 상부에서 비리로 판단한 것이다. "너는 네 종으로 그 관리를 유혹해 부당 이득을 취하려는 것이었느냐? 그러지 말라고 고을에 기녀를 둔 게 아니더냐!" 권력이나 부를 획득하기 위해 로비를 한 것으로 간주해 탄핵 사유가 되고 말았다. 즉, 성상납 의혹을 받은 것이다. 이럴 정도이니, 상황이 어떻든 지방관은 반드시 해당 고을 기녀들로만 수청을 들도록 해야 했다.

이렇게 기녀는 관가에 소속된 일종의 부속품 같은 존재였다. 시와 시조, 악기, 춤, 노래 등을 배웠지만 그것은 어디까지나 수청을 들기 위해 갖춰야 할 부수적 요건이었지 그런 능력을 겸비했다고 해서 그들의 지위가 변하는 일은 없었다. 관청에 매여 어디로 떠날 수도 없고, 사람을 가리거나 피할 수도 없는 존재. 춘향이 바로 그런 존재였다.

변학도가 춘향에게 수청을 들라고 요구한 게 과도하지 않은 것은 그 시대 사또들로서는 너무나도 자연스러운 요구였기 때문이다. 사또는 기생뿐만 아니라 다른 천민인 종들에게도 무엇이든 요구할 수 있는 위치였다. 쉽게 말해 그 지역의 왕이나 다름없는 존재로, 요즘의 도지사나 시장과는 전혀 다른 강력한 지배 권력을 가지고 있었다. 그런 권력자인 사또가 본래 공적으로 정해진 일을 하라고 지시한 것이다. 전횡도 아니고 비리도 아닌, 지극히 당연한 명이었다. 그런데 춘향이 그것을 단칼에 거절했다.

춘향의 수청 거부를 둘러싼 문제는 한두 가지가 아니다. 우선 그녀는 수청을 거부할 권한이 없다. 본래 업무이기 때문이다. 수청 거부는 직무 유기로 자기가 마땅히 해야 할 일을 하지 않겠다는 뻗댐이다. 게다가 그녀가 거절의 이유로 한 말은 기가 찬다. "소녀가 비록 기생의 딸이오나 어려서부터 예법을 알기에…." 예법은 양반 부녀자에게나 해당하는 것이지 천한 기생 딸에게 해당하는 게 아니다. 예법을 알든 모르든 천민은 천민이다. 본인이 학식이 높든 낮든, 고매한 이상을 지녔든 말든 그런 것은 하나도 중요치 않았다. 기녀의 딸은 기녀고, 기녀의 본분은 수청이다.

변학도 입장에서는 보잘것없는 기녀 하나가 발칙하게도 사또인 자신을 들이받는 상황 이상이다. 자신은 신임 사또다. 아무리 권력자라 해도 어디든 텃세는 있기 마련이다. 이를 잘 처리하고 넘어가야 자신의 일을 할 수 있다. 그 정도는 변학도도 안다. 그런데 텃세를 부릴 수준도 아닌 하찮은 기녀 따위가 말도 안 되는 억지를 부리니 그야말로 기가 막힐 노릇이다. '뭐야? 이 조그만 년이 미쳤나?' 이런 맘이 안 생길 수 없다. 이런 황당하고 당돌한 말에 그대로 밀려나면 그야말로 우스운 꼴이 된다. 그냥 끝이다. 남원 고을 상하가 모두 자신을 하찮게 알고 함부로 대하면서 툭하면 뻗대고 신경전을 벌일 게 분명했다. 변학도가 분노하지 않으면 이상한 것이고 화를 내지 않으면 다들 손가락질할 상황이다. 변학도가 노발대발 하는 게 당연하다.

그런데 춘향은 여기에 한마디 더 보탠다. "소녀는 이미 지아비가 있는 몸인데, 사또께서 수청을 들라 하시면…." 인륜이 어쩌고 예의가 어쩌고 잘도 떠들더니 이제는 비록 자신이 천한 몸이지만 결혼을 했으니 자신을 능멸하지 말란다. 변학도에겐 망발이자 현실을 도외시한 방자함의 극치로 들린다. 변학도는 그야말로 속에서 천불이 난다. '내… 내가 유부녀를 건드리는 파렴치한 패륜이란 소리냐!' 속되게 말해 뚜껑이 열리지 않을 수 없다.

기녀에게는 지아비가 있을 수 없다. 있다면 그건 기녀의 본분에서 벗어난 일이고, 그 지아비라고 지정되는 자는 당장 물고를 내야 한다. 대체 어떤 남자가 국가 재산을 제 맘대로 탈취(?)하고 아닌 척할 수 있단 말인가. 대비정속이라도 했단 말인가. 그랬다면 기녀 명부에 기록이 나와 있고 다른 기녀가 있어야 하지 않는가 말이다. "소녀는 전임 사또의 자제와 가연을 맺어 지아비로⋯." 춘향의 말은 그냥 억지다. 냉정히 말해 이몽룡은 춘향의 지아비가 아니다. 지아비라면 이몽룡은 부친이 서울로 떠날 때 춘향을 첩으로 삼아 데리고 갔어야 했다. 그런데 데리고 가고 싶어도 절대 그럴 수 없다. 이몽룡이 부모 눈치를 보느라 못한 게 아니라 근본적으로 안 된다. 춘향이 관청에 매인 몸이기에 불가능한 일이다.

전임 사또 자제와 혼인관계라는 말은 그냥 희망 사항이다. 정확하게는 사또 자제가 '데리고 놀다 버리고 간 신세'라고 표현하는 게 옳은 상황 판단이다. 공식적으로 혼인한 적도 없고 첩으로 받아들인 적도 없다. 말했듯이 첩으로 삼으려면 대비정속해야 했지만 그러지 않았거나 못했으니, 그냥 '함께 즐기는 사이'였을 뿐이다. 당대 상황으로 보면 어린 기녀가 사또 자제의 '수청을 들었던 것'이다. 그걸 그냥 춘향이 혼자서만 지아비라고 우기는 상황이었다.

사실 변학도가 춘향을 원한 이유 중 하나가 바로 전임 사또 자제와 관계가 있었다는 점 때문이다. "전임 사또 자제의 수청을 들어놓고 내 수청은 안 들 것이냐?" 이는 너무나도 명확한 지적이다. 전임 사또 자제에게는 수청을 허락하고 현임 사또인 자신에게는 허락하지 않는다는 것은 자신을 우습게 알고 능멸한다는 뜻이다. 또한 변학도의 이 말은 다음과 같은 논리를 갖추고 있다. '그래, 네 말대로 네가 기녀가 아니라고 치자. 그런데 네가 이미 사또 자제의 수청을 들었으니 그건 기녀로서 역할을 한 게 아니고 무엇이냐?' 즉, 자기 스스로 기녀임을 인정해놓고 망언과 망발을 일삼고 있다는 지적이다. 춘향은 외통수에 걸렸다. 그녀가 주장하는 것처럼 정말 예법을 배우고 천하지만 고매하게 살았고 앞으로도 그렇게 살 생각이라면 이몽룡과 그렇고 그런 관계여서는 안 되었다. 그렇고 그런 관계였다면 이몽룡과 정말로 맺어져 첩이 되어 그의 집에 들어갔어야 했다. 하지만 현실은 그렇지 않은 상황이다.

이러니 신임 사또가 부임한 후 춘향은 어떻게 행동해야 했을까? 당연히 변학도의 수청 명령에 따라야 했다. 그러나 그녀는 그렇지 않았다. 목숨을 걸고 버티며 죽음을 무릅쓰고 항변했다. 혹시 이몽룡이 춘향을 첩으로 삼았지만, 아버지가 허락하지 않아 못 데리고 간 것은 아닐까 하는 의문이 생길 수 있다. 하지만 아니다. 그녀는 이몽룡의 첩이 되지 못했다. 둘은 한때의 불장난처럼 사랑을 불태운 사이였을 뿐이다. 이는 춘향도 이몽룡도 알고 있다. 그들의 사랑은 진실이었지만 그들 앞의 현실은 냉엄했다. 분명 첫날밤에는 첩으로 삼겠다는 마음이 있었을 것이다.

소설 이본에 따라 첫날밤에 이몽룡이 '절대 너를 버리지 않고 잊지 않겠다'는 내용을 적은 불망기不忘記를 작성해준 경우도 있지만, 이 역시 그냥 종이 쪼가리일 뿐이다. 법적 효력은 물론 사회적 기능도 없다. 이몽룡이 춘향을 어떻게 한번 해보려고 생각 없이 그냥 써준 거라고 하거나 장난으로 써준 거라고 오리발을 내밀면 그만이다. 그러면 주변에서 듣는 사람들도 춘향의 안쓰러운 호소에 혀를 차며 쓴웃음을 지을 게 분명하다.

좋다. 한참 양보해 춘향이 이몽룡의 첩이었다 치자. 그래도 바뀌는 것은 없다. 조선시대 양반들이 여기저기 다니며 한두 번 데리고 지내다 버린(?) 첩이 그야말로 한둘이 아니었다. 하룻밤을 지내놓고 다시는 돌아보지 않는 경우도 부지기수다. 첩으로 받아들인다는 약속을 수백 번 해도 마찬가지다. 지금 당장 그 누구도 주도권(?)을 행사하지 않는 상황에 놓인 그런 여성에게 눈독을 들이는 힘센 남성들의 행패는 늘 진행 중이었다. 한마디로 아무나 찝쩍거릴 수 있었단 소리다. 때때로 여성 입장에서 그렇게 다른 남자와 새로운 첩 생활을 하는 것을 자발적으로 원하기도 했다. 먹고살아야 했으니 말이다.

그런데 춘향처럼 그런 손길을 거절하면 어떻게 될까? 남자들이 그냥 물러설까? 그런 일은 없다. '감히 버림받은 첩년 주제에 뭐가 어쩌고 어째!'라는 반응이 당시의 냉정한 사회 현실이다. 혹시 예전 서방이 나타나 "내 첩을 왜 당신이 가져갔소?"라고 한다면, 그건 그때 가서 풀 일이다. 서로 돈을 주고받고 마무리 짓든, 아니면 힘이나 정치적으로 처리하든 아무튼 그냥 그렇게 여성과는 상관없이 처리되고 말 문제였다. 실제로 이런 일이 종종 있었다. 그녀들의 신세는 정말 비참했다. 이러니 변학도 입장에서 보면 춘향의 항거가 뜨악할 일일밖에. 말도 안 되는 약자 주제에 감히 지방관의 수청을 거절하다니 그야말로 놀랄 일이었다. 이런 항거는 지방관의 권위에 도전하는 것으로 판단될 수밖에 없었고, 실제로도 그랬다.

암행어사 이몽룡은 춘향만 구했다

한편 서울로 올라간 이몽룡은 장원급제하고 암행어사가
되어 남원으로 내려왔다. 변학도를 징치하고 옥에 갇힌 춘
향을 구해냈다. 서울로 함께 올라가 백년해로하며 행복하
게 살았다. 멋진 결말이지만 이렇게 끌고 가기 위해 이야
기는 거듭 무리수를 둔다.

장원급제는 과거 시험을 통해 뽑은 33명 가운데 1등을
말하는 것으로 이몽룡이 과거 시험에 수석으로 합격했다
는 의미다. 장원급제하면 그에 따라 인센티브가 주어지는
데, 벼슬을 한 등급 올려주거나 하는 식이어서 이몽룡이
어사가 되는 게 불가능한 일은 아니다. 하지만 조금 과하
다. 암행어사는 왕명을 받아 민정을 시찰하는 관리로 생판
초짜 관리에게는 시키지 않는다. 적어도 4~5년 경력의 관
리에게 밀명을 내리는 법인데, 그것을 대뜸 이몽룡이 제수
받은 것이다.

또 이몽룡이 비록 암행어사가 되었어도 남원에 내려올
수는 없다. 그 시대에는 비리 등을 방지하기 위해 관리의
연고지로 보내지 않고 다른 지역으로 보내는 '상피제相避制'
가 있었기 때문이다. 친족 간에 같은 관아와 아래위로 계

통이 연결된 관아에 근무하지 못하게 하거나 연고지의 벼슬을 피하게 하던 법이니, 이몽룡이 암행어사가 되었어도 남원에 내려올 수는 없었다. 하지만 그는 내려온다.

게다가 암행어사가 된 이몽룡이 처리한 일들이 공정하지도 않았다. 암행어사로 파견되어 지역에서 할 가장 시급한 일은 지방관을 관리 감독하는 것이다. 그들이 제대로 왕정을 베풀었는지 점검하는 일로, 예를 들면 감옥에 갇힌 죄수들을 불러내 사건 기록과 맞는지 일일이 확인하고, 나라 예산을 어디에 얼마나 썼는지 등을 확인하며 민심을 제대로 다독이고 있는지 감사하는 것이다.

그런데 암행어사 이몽룡은 그런 일보다 춘향을 구하는 일에만 골몰했다. 곧장 남원으로 향한 것만 해도 그렇고, 대뜸 변학도를 탐관오리라며 때려잡은 것도 그렇다. 물론 변학도가 가장 문제적인 관료여서 그랬을 수도 있다. 하지만 변학도가 여색만 밝히는 음탕한 탐관오리로 규정된 것은 춘향에게 수청을 들라고 한 일 때문이고, 더 원색적으로 말하면 자신보다 더 상급자가 될 줄 몰랐던 어떤 남자의 옛 연인에게 '네가 본래 해야 할 일을 하라'고 했기 때문이다.

좋다. 우리가 모르는 변학도의 비리가 있고, 이몽룡이 보기에 변학도가 부정부패자였을 수도 있다. 그런 판단은 이몽룡이 어사로서 감찰한 결과일 수도 있으니 말이다. 그런데 그렇게 훌륭하게 감찰한 결과라고 하기에는 뭔가 좀 엉성하다. 보통 어사가 출도해 지방관을 봉고 파직시킨 후에는, 그 나쁜 지방관이 했던 일에 대해 시시비비를 가린다. 즉, 본관이 나쁜 관리이니 그가 했던 행정 행위에 다른 문제가 있는지 눈에 불을 켜고 일일이 따져야 한다. 이때 가장 중요한 것은 억울하게 옥에 갇힌 백성들이 있을 수 있기에 그들을 한 명씩 조사하고 확인하는 것이다.

그런데 이몽룡은 그런 일보다는 제 애인 춘향을 옥에서 구출해내고 나머지 죄수들은 전부 그대로 둔다. 다른 죄수들이 모두 다 죄를 지었기에 신경을 안 썼을 수도 있다. 감찰 결과 감옥의 죄수들이 마땅히 받을 만한 벌을 받고 있기에 억울한 춘향만 빼주고 나머지는 그대로 두었을 수도 있다. 그런데 만약 그랬다면 그동안 변학도가 일을 제대로 한 것 아닌가? 죄를 지은 자들을 감옥에 넣었는데 잘못 넣은 자가 한 명도 없었다면 나름 훌륭하게 일을 처리한 것이라 봐야 하지 않는가 말이다.

알다시피 변학도의 잘못은 춘향을 건드린 것이다. 하지만 앞서 살펴본 것처럼 그것은 춘향의 잘못이지 변학도의 잘못이 아니다. 그런데도 이몽룡은 변학도를 징치하고 파직시켰다. 그러니 만약 변학도가 탐관오리라면 이몽룡은 권력을 남용해 제 잇속만 채운 부패 정치가라고 해야 공정할 것이다. 누가 더 나쁜지는 모르겠지만 이야기는 이몽룡과 춘향의 편이다.

아무튼 우여곡절 끝에 감옥에서 춘향을 구해낸 이몽룡은 그녀를 아내로 맞이하는데, 그녀를 첩이 아닌 본부인으로 삼는다. 절대 있을 수 없는 일이다. 심지어 나라에서는 춘향의 정절貞節을 높이 사 정렬부인貞烈夫人 직첩을 내린다. 말도 안 되는 소리다. 정말 해도 너무 한다.

『춘향전』은 이렇게 무리한 설정에 설정을 거듭한다. 이만저만 무리수가 아니다. 이런 행복한 결말을 위해 변학도는 악의 대명사로 자리매김하게 된다. 억울하고 원통해도 어쩔 수 없다. 세상은 춘향과 이몽룡의 편이다.

대체 『춘향전』은 왜 이렇게 억지와 무리수를 많이 두었을까? 이유는 현대 막장 드라마의 뺨을 치고도 남을 이런 황당한 이야기에 사람들이 열광했기 때문이다. 여기에 『춘향전』의 비밀이 숨어 있다.

3

『춘향전』에 담긴
민중의 열망과 혁명성

에로티시즘과 혁명성

『춘향전』의 핵심 가치를 굳이 꼽자면 에로티시즘과 혁명
성이라고 할 수 있다. 이 둘은 항상 같이 다니는 긴밀한 관
계다. 에로틱한 감정의 원초적 흥분은 쉽게 파토스pathos적
호소로 이어지고, 그런 감정은 성별, 계급, 신분, 나이, 지
역, 문화를 뛰어넘는 원동력이 된다.

가령 음담패설을 공유하는 상황을 떠올리면 쉽게 이해할
수 있다. 음담패설이 구연되는 상황과 공간은 그 순간 평
등적 가치를 지닌 공간으로 변모하고, 그 상황에 같이 있

는 사람들은 모두가 동참한 공범 혹은 동지가 된다. 신분, 나이, 계급 등과 같은 문명적 가치를 떠나 '같은 무리'가 되는 것이다.

『춘향전』이 바로 그랬다. 제대로 읽지 않아서 그렇지, 이 텍스트는 그야말로 '19금'으로 도배되어 있다고 해도 과언이 아니다. 판소리의 한 대목인 〈사랑가〉도 마찬가지다. 첫 마디인 "이리 오너라 업고 놀자"도 그러하거니와 이어지는 사설을 보면 더 확연히 알 수 있다.

원앙금침鴛鴦衾枕을 촛불 아래에 펼쳐 놓고, 하얀 피부와 꽃 같은 용모가 드러나니 춘정春情을 자아내는 것이 아리땁고 미칠 지경이다.

"도련님 먼저 벗으시오."

"나 먼저 벗은 후에 너는 아니 벗으려나 보다. 잡말 말고 너부터 벗어라."

춘향이 먼저 벗은 후에 이 도령도 마저 벗고 춘향을 잡아채서 덥석 안고 두 몸이 한 몸이 되었구나. 네 몸이 내 몸이요 네 살이 내 살이라. 호탕하게 무르녹아 여산 폭포에 돌이 구르는 듯 데굴데굴 구르면서.

—『남원고사』

이쯤에서 인용을 생략하지만 이보다도 더 노골적인 서술과 상황이 한참 동안 줄줄 이어진다. 제대로 떠올려 가며 이해할 수만 있다면 이런 포르노그래피가 따로 없다. 당대에 음란소설로 찍힐 만하다.

하지만 조선시대『춘향전』이 읽어서는 안 되는 음란 교과서였던 것은 상스럽고 도발적인 성행위가 나오기 때문만은 아니다. 포르노그래피적 상상력을 도발해서만이 아니라, 춘향에게서 느끼는 감정 때문이다. 불온하면서도 뭔가 매혹적인 복잡 미묘한 중층적 감정이 그녀의 말과 행동에서 강하게 풍기기 때문이다.

'봄의 향기'라는 이름의 춘향에게서 느껴지는 향기가 너무 짙었다. 그녀는 기녀이기에 저속하게 노는 것 같으면서도 왠지 그렇게 놀이하듯 성관계를 하는 상황과 장면이 매혹적이다. 게다가 대뜸 사또에게 고개를 빳빳이 쳐들며 당돌하게 대들다니 정말 놀랄 지경이다. 한편으론 놀랍고 한편으론 호기심을 자아낸다. 불온한 상상력을 자극하는 그 상황을 더 길게 보고 싶으면서도 더 봐서는 안 될 것 같은 감정이 가슴을 두근거리게 한다. 그러면서도 머릿속을 떠나지 않는 감정이 불온하게 자리 잡는다. '저, 저렇게 해도 되나…?'

이는 성관계뿐 아니라 당돌한 목소리를 내는 그녀의 모습 때문이다. 아버지가 정해준 남편을 평생 그냥 모시기만 하는 양반 여성들에게는 더욱 복잡미묘한 감정이 교차할 수밖에 없다. 춘향이 내뿜는 '봄의 향기'가 매혹적일수록 춘향이 미워지기도 한다. 부럽기에 밉고 매혹적이기에 질투가 난다. 니체Friedrich Wilhelm Nietzsche(1844~1900)가 말한 르상티망ressentiment이라는 감정이다. 부러워 약 오르고 배 아프니까 오히려 험담하고 질시하고 미워하는 마음으로, 선망과 질시가 뒤엉킨 감정이다.

춘향의 에로티시즘과 혁명적 반항을 두고 남녀노소 모두가 환호했지만 어떤 이들은 음란하고 저속하다고 매도했다. 그들도 느꼈겠지만 그 활달한 느낌이 자신을 사로잡는 게 싫었다. 내게는 이미 사라진 향기가 그녀에게 있기 때문이다. 나는 못하는 말과 행동을 그녀가 당당하게 하기 때문이다. 그 당참과 환희와 생동감이 만발하는, 나와는 너무나도 다른 춘향을 보는 순간 지금 내 처지가 궁색하게 여겨진다. 그렇게 비교하게 한다는 사실이 자신을 더 비참하고 옹색하게 만드니 춘향이 싫고, 『춘향전』이 싫었다. 그래서 음란소설로 낙인찍었다.

모두 부럽기 때문이다. 부러워서 욕하며 천하에 상스러

운 '잡년'이라고 매도했다. 조선시대 내내 그렇게 욕했다. 문제는 지금도 크게 다르지 않다는 점이다. 요즘 누가 춘향을 욕하냐고 할지 모르겠다. 하지만 한다. 직접 욕을 하진 않지만 결국 욕을 하는 것과 비슷하게 춘향을 질시한다. 예나 지금이나 인간이란 마찬가지다. 같은 감정, 같은 느낌이기에 춘향이 좋으면서도 불편하다.

사실 현대에 와서 춘향을 음란한 여인이라고 욕하지 않는 것은 『춘향전』을 아무도 읽지 않기에 잘 몰라서다. 그냥 '첫날밤을 보냈겠지' 정도로 생각한다. 차라리 안 읽는 게 좋기도 하다. 춘향의 도발적 향기에 취하지 않고, 향기가 없는 조화처럼, 그림처럼 대하며 예쁜 인형 보듯 바라보면 불편함이 사라지니 말이다. 그렇게 우리는 은근슬쩍 에로티시즘을 빼거나 축소하며 춘향의 춘향다움을 거세해버렸다.

'봄 향기'의 환희와 생동감을 삭제해버리자 상황이 아주 나쁘게 바뀌어버렸다. 본질인 혁명성이 사라졌다. 단지 젊고 예쁘기만 할 뿐, 이름만 춘향이인 조선시대의 한 여인으로 '우리 춘향이'가 박제되자, 당차고 생생했던 춘향이가 처절하고 질긴 이상한 여자가 되어버렸다. 그렇게 춘향이 정절의 화신이 되고 말았다. 예전 춘향이가 부러워 욕을 하던 사람들이 이젠 춘향이가 부러워 박제시킨 셈이다. 그렇게 시대적 요청에 따라, 그리고 필요에 따라 춘향이가 '잡년'에서 '열녀'로 뒤바뀐 것이다.

이런 상황이니 『춘향전』을 앞에 두고는 늘 고심이다. 진짜 춘향은 정절의 화신이 아니라 섹스의 화신이라고 말하면 천하의 몹쓸 놈이 되기 십상이니 말이다. 밝히는 놈에서부터 음란을 부채질하는 반동분자까지 뭐든 될 수 있다. 민족의 고전을 도색잡지로 만드는 못된 놈이 되지 않으려면 하는 수 없다. 타협해 같이 입을 모아 춘향을 욕하든지, 춘향의 절개를 찬양해야 한다. 아니면 그냥 보고도 못 본척 입을 꾹 다물든지.

결국 이렇게 현대의 춘향이는 혁명성을 빼앗겼고 『춘향전』은 고루한 도덕 교과서가 되어버렸다. 그리고 춘향은 지고지순한 사랑과 정절로 남성을 기다리는 멋진(?) 여자가 되었고, 평생 미치도록 이몽룡을 따라다니는 질긴 여자가 되어버렸다.

그러나 춘향은 질긴 여자도 아니고 잡년도 아니며 열녀도 아니다. 춘향은 '봄의 향기'이고 '혁명가'였으며, 『춘향전』은 민중의 열망을 담아낸 민족의 고전이었다. 이제 그 이야기를 해보도록 하자.

『춘향전』은 '이몽룡전'이 아니다

조선시대 사람들은 『춘향전』에 열광했다. 앞서 살펴본 것
처럼 말도 안 되는 설정과 무리한 전개로 이야기가 도배되
어 있다시피 한데도 열광했다. 옛날 사람들이 뭘 잘 몰라
서 그랬을 거라고 여길 수 있는데 오히려 그 반대다. 우리
야 조선 사회를 날카롭게 분석해야만 비로소 『춘향전』의
과도한 설정과 서사 진행을 확인할 수 있지만, 당대 사람
들에게는 굳이 그럴 필요가 없었다. 말도 안 되는 소리라
는 것을 그냥 알았다. 자신들 삶에 딱 달라붙듯 핍절하게
다가온 이야기였으니 말이다.

그들은 춘향이 기녀임을 당연히 알고 있었다. 춘향이 어
떤 처지인지 설명하지 않아도 알았다. 춘향이 사또에게 그
렇게 발악하면 절대 안 된다는 것도 알았고, 절대 정렬부
인이 될 수 없다는 것도 알았다. 이몽룡이 과거에 급제할
수는 있겠지만 대뜸 암행어사가 될 수 없고, 기다렸다는
듯 남원으로 달려올 리 없다는 것도 알았다. 하지만 그럴
수록 『춘향전』에 환호했다. 왜 그랬을까? 대체 왜 이런 황
당한 이야기에 미치도록 열광했을까?

여기에 바로 『춘향전』의 혁명성이 담겨 있다. 지금 우리

는 『춘향전』에 열광하지 않는다. 그냥 대단하다고 여길 뿐이다. 그렇고 그런 사랑 타령 혹은 비리 척결하는 시원한 카타르시스의 대리 만족 정도로 생각한다. 암행어사 출도의 스펙터클과 환호하는 장면이 멋지긴 해도 사실 핵심은 이몽룡이 아니다. 많은 사람들이 암행어사 출도 장면이 이 이야기의 클라이맥스라고 생각한다. 맞지만 그 절정은 춘향의 혁명성을 구현하는 정점이기에 그런 것이지 암행어사 이몽룡의 구원이라는 메시지여서 그런 게 아니다.

주인공이 누구인지 한번 생각해보라. 그렇다. 『춘향전』은 '춘향 이야기'이지 '이몽룡 이야기'가 아니다. 곰곰이 생각해보면 이몽룡이 암행어사가 되었고 암행어사 출도의 멋진 스펙터클을 보여주었지만, 우리 고전에서 '암행어사'라고 할 때 떠오르는 인물은 이몽룡이 아니라 어사 박문수 朴文秀(1691~1756)다. 따지고 보면 이몽룡은 조연일 뿐 주인공은 춘향이다. 『춘향전』은 '춘향전'이지 '이몽룡전'이 아니다.

조선시대 많은 고소설이 있지만 주인공은 대부분 남성이었다. 당연한 게 남성 위주의 사회여서 그렇기도 하지만, 갈등의 주체가 되는 인물이 사회 활동을 하는 남성들이기에 그랬다. 물론 여성 영웅 소설로 불리는 일군의 작품에서는 여성이 주인공이 되기도 한다. 여인이 남장男裝을 하고 과거에 급제해 장군이 되어 적을 무찌르고 입신양명하는 이야기다. 여성을 영웅으로 형상화한 가능성의 확장과 여성 영웅의 멋짐이 폭발하지만 여성 영웅 소설에는 한계가 있다.

그 여성들이 결국 결혼을 통해 집에 머무는 행복으로 이야기가 끝나기에 그렇기도 하지만, 본질적으로 남성처럼 행동하는 정치사회적 활동을 통해서라야 여성이 부각된다는 점에서 진정한 여성다운 여성 주인공이라고 하기에는 부족함이 많다. 즉, 여성이 과거를 볼 수 없고 관리가 될 수 없고 장군은 더더욱 될 수 없는 시대에 남성처럼 기능해 그 뭔가를 획득하는 이야기가 여성 영웅 소설이다. 그게 잘못이라거나 부정적이란 뜻이 아니라, 남성다움으로서의 주인공이기에 진정한 여성 주인공이라고 하기엔 부족함이 있단 뜻이다.

그런데 춘향은 진정한 여성다움을 보여주는 주인공이다. 여성 영웅 소설들은 여성을 영웅처럼 묘사했지만 궁극적으로는 한 남자와 결혼함으로써 그 울타리 안에 안주하는 것으로 끝난다. 하지만 춘향은 여성 영웅들을 훌쩍 뛰어넘는 엄청난 혁명성을 보여준다. 나라를 위해 전쟁에서 승리한 것도 아니고, 과거에 급제한 것도 아니다. 그야말로 아무것도 아닌 천대받는 일개 기녀였지만 그녀는 진정한 여성다움으로 주체적이고 능동적으로 당대 문제에 도전했고, 인간다움이란 무엇인지에 대해 강렬한 웅변을 뿜어냈다.

그것을 알아본 민중들이 『춘향전』에 열광했다. 그리고 이몽룡도 아니고 당연히 변학도도 아닌 '춘향'을 주인공으로 내세운 '춘향전'으로 만들었다. 당대에 가장 천하고 한심하고 함부로 대해도 아무 일 없는 그런 여성을 주인공으로 내세웠다는 점이야말로 『춘향전』이 가지고 있는 혁명성의 한 모습이다.

게다가 이런 열망은 앞서 본 것처럼 성이 없을 수밖에 없는 춘향이를 '김춘향', '성춘향', '안춘향' 등 지역마다 자신들의 고장을 상징하는 성을 붙여 그녀를 돋보이게 하는 것으로 이어졌다. 이는 단순히 『춘향전』이 인기가 높았다는 정도가 아니라 사람들이 자기의 열망과 희망을 춘향에게 모두 투영했다는 의미이고, 자기들만의 춘향을 만들고자 노력했다는 의미다. 어떻게든 '우리 춘향'이고 싶었던 당대 민중들의 마음에서 『춘향전』 혁명성의 깊이를 짐작할 수 있다.

춘향은 이몽룡이 돌아올 거라 믿었을까

이몽룡이 떠나지 않았다면 춘향에게 시련은 없었을 것이다. 그러니 춘향에게 묻고 싶은 게 한둘이 아니다. 춘향은 이몽룡이 영원히 자신과 함께 있을 거라고 생각했을까? 똑똑한 그녀이다 보니 그렇지 않았을 것 같다. 사랑하는 이몽룡을 만난 것은 몽룡이 사또의 자제로 아버지와 함께 남원에 왔기 때문이다. 남원 부사라는 지위가 영구적일 수 없으니 아버지의 임기가 끝나면 자식인 그도 떠나야 한다는 것을 모를 리 없었다. '영원히'란 너무 어려운 일이었다.

그렇다면 이몽룡과의 사랑은 불장난이었을까? 뜨겁게 사랑한 것은 맞지만 한때의 가벼운 사랑은 아니었다. 그녀는 정말 이몽룡을 사랑했다. 하지만 헤어질 수밖에 없다는 현실을 알고 있었다. 본래 사랑이란 맹목적인 것이다 보니 그녀는 애써 눈앞으로 다가오는 현실을 외면하고 바라보지 않으려 했을 뿐이다.

사실 춘향이 선택할 수 있는 합리적 방법은 이몽룡의 첩이 되는 길이다. 하지만 이도 쉽지 않다. 자신의 신분이 묶여 있다는 것은 차치하고라도, 몽룡의 아버지 남원 부사가 학업에 매진하라면서 주변에 여자는 얼씬도 하지 못하게 엄명을 내린 중에 몰래 만난 것이었다. 아버지 남원 부사가 알면 그야말로 경을 칠 일인데, 첩으로 춘향을 두겠다고 했다간 변학도의 분노보다 더 큰 진노를 받았을 게 분명하다.

조선시대에는 처를 두기 전에 첩을 먼저 두는 일도 있었다. 그러나 그런 경우는 남성의 나이가 차서 따로 집안을 다스려야 할 정도가 되었을 때다. 어머니가 연로하시거나 돌아가셔서 집안일을 할 사람이 없을 때라면 자식이 부인을 두어야 했다. 이때 관료도 아니고 부자도 아니어서 결연이 쉽지 않아 양반 여성을 처로 두기 어려우면 첩을 우선 두었다. 첩이란 혼례 없이 쉽게 몇 명이든 둘 수 있기에 급한 대로 첩을 두고 나중에 급제하거나 집안이 흥왕해진 후 적절한 양반가 여자를 처로 맞아들이면 되었다.

이러니 이몽룡이 첩을 두기는 어려운 상황이다. 16세로 아직 젊은 나이였고 어머니도 쌩쌩하게 생존해 있으니 첩을 둔다는 것은 단지 성욕과 관계된 문제일 뿐이다. 그러니 어린 나이에 첩을 두었다는 게 후일 결혼에 악영향을 끼칠 수도 있다. 당연히 부모는 반대할 일이었다. 그리고 이 모든 것을 춘향이 모를 리 없었다. 그래서 앞서 말했듯이 둘이 만난 첫날 밤에 "후일 성공한 후에도 나를 잊지 마세요"라는 불망기를 적어달라고 했던 것이다. 춘향은 당장은 불가능하고 나중이나 되어야 비로소 자신이 첩으로 받아들여질 것을 알았고, 그렇게 되기를 소망했다.

그렇다면 그녀는 '그 나중'을 믿었을까? 이몽룡을 어디까지 믿었을까? 정말 이몽룡이 성공해 돌아올 거라고 믿었을까? 물론 그녀의 속마음을 짐작하기란 쉽지 않지만 명민한 그녀가 현실을 몰랐을 리 없다. 춘향은 이몽룡이 돌아오기를 바랐지만 그게 무척이나 어렵고 불가능한 일이란 것도 알고 있었을 것이다. 서울에 올라가자마자 급제하고 어사가 되어 후다닥 달려 내려오는 일련의 일이 벌어진다는 것은 불가능한 일이다. 살펴보았듯이 변학도가 부임하자마자 기생점고를 하고 춘향을 윽박지르고 감옥에 넣어 죽이려 하는 그 짧은 시간 동안에 말이다.

춘향은 이몽룡이 돌아올 거라고 생각하기 어려웠다. 사실 그녀가 택할 수 있는 현실적 대안은 새로 온 사또의 총애를 받는 것이다. 어려운 일도 아니고 힘든 일도 아니며 그것이 본래 기녀의 일이기도 했다. 월매가 감옥에 갇힌 춘향이를 찾아와 "하라는 수청은 않고 왜 이리 뻗대느냐"며 타박한 것도 그런 맥락이다. 그런데도 춘향은 이몽룡이 돌아올 거라 믿고 기다렸다. 비록 자신이 죽는 한이 있더

라도 믿고 기다렸다. 대체 그녀는 무슨 생각이었을까? 이
것이 『춘향전』의 핵심이다.

좋다. 일단 춘향은 그렇다 치고 이몽룡의 마음을 가늠
해보자. 한때 사랑했지만 지금은 떠나 있고, 현재 자기 앞
엔 새로운 미래가 펼쳐져 있다. 과거 급제라는 목표를 이
룬 이유가 정말 춘향에게 돌아가기 위해서였을까? 버리고
온 여자가 그렇게까지 다시 보고 싶었을까? 발칙한 말이지
만 지극히 현실적인 물음이다. 서울에 내로라하는 여성들
이 즐비하고, 정치적 탄탄대로를 걸을 수 있는 수많은 선
택지가 있는데, 그것을 다 도외시하고 춘향이를 구출해 정
실 처로 삼는다는 것은 개연성이 지나치게 부족하다.

이몽룡이 춘향에게로 돌아올 가능성은 아주 희박했다.
당시 이몽룡이 16세였으니 춘향과의 사랑을 한순간의 불
장난이었다고 치부할 수도 있다. 그렇게 어린 남성이 자신
과 잠시 사랑에 빠졌던 기녀를 저버리지 않고 가슴에 품고
있다가 다시 그녀에게로 돌아올 가능성이 얼마나 되겠는
가? 한낱 기녀 신분인 춘향을 위해 이몽룡이 그래야 할 이
유나 정당성은 없다. 보통의 기녀들이 모두 대충 그런 삶
을 살았고 춘향 역시 예외는 아니다. 그것이 그 시대 기녀
들의 현실이었다.

아주 긍정적으로 이몽룡을 생각해 춘향을 그리워했다 쳐도, 조선시대 양반 남성의 결연이란 늘 그렇듯 정략결혼 이었으니 정치적 연줄에 따라 다른 여성을 처로 삼고, 춘 향을 첩으로 삼으면 그만이다. 당대 바른 상식을 가진 남 성이라면, 아니 여성들도 마찬가지이고 양반이든 상민이 든 모두가 다 그렇게 생각했다. 그런데 『춘향전』은 춘향을 본부인이자 정렬부인 직첩을 받게 했다. 그야말로 입이 떡 벌어질 상황으로 끝을 맺었다. 바로 여기에 『춘향전』의 혁 명성의 본질이 있다.

춘향은 이몽룡이 돌아올 것을 확신하지 않았지만 변학 도에게 항거했다. 물론 춘향의 항거에는 근거가 있다. 『사 기史記』 「전단전田單傳」의 "충신은 두 명의 임금을 섬기지 않 고[忠臣不事二君] 정녀는 두 명의 남편으로 바꾸지 않는다[貞 女不更二夫]"는 명분이다. 정녀貞女는 우리가 흔히 말하는 열 녀烈女인데, 아무튼 이런 열녀 이데올로기를 근거로 변학 도의 수청을 거절한 것이다. 하지만 춘향은 양반도 아니고 실제로 정혼한 사이도 아니므로 근본적으로 성립할 수 없 는 근거다. 게다가 엄밀히 말해 열녀불경이부烈女不更二夫의 핵심은 본처의 경우일 뿐 첩에게는 해당되지 않는 말이다.

이런 모든 사실을 현명하고 똑똑한 그녀가 모를 리 없

다. 자신이 지금 억지를 부리며 바락바락 악을 쓰고 있다는 것도 잘 안다. 하지만 그녀는 그렇게 했다. 이를 단지 이몽룡에 대한 사랑 때문이라고만 한다면 춘향의 저항을 너무 얕잡아 보는 것이다. 그녀는 목숨 걸고 저항했다. 감히 그 누구도 대들 수 없는 권력자에게 보잘것없는 천한 여인이 항거한 것이다. 이는 위험한 선택이었다.

춘향은 모두가 관습에 따르고 모두가 권력에 순응할 때, 오직 자신만이 당대 사회 윤리를 거스르며 수청 거부라는 몸부림을 통해 제 목소리를 냈다. 아무것도 아닌 자가 목숨 걸고 저항하는 모습, 이것이 바로 『춘향전』의 진정한 혁명성이다. 이몽룡이 돌아오기를 바라지만 이를 믿지 않으면서도 저항한 춘향의 모습은 조금 이상하게도 보인다. 대체 그녀는 왜 이렇게 극단적으로 저항한 것일까? 그녀가 저항한 진짜 이유는 무엇일까?

춘향은 정절의 화신이 아니다

우리가 『춘향전』의 핵심을 잘못 이해하게 된 가장 근본적 이유는 춘향을 열녀로 보고 작품을 '열녀 이야기'로 읽기 때문이다. 그러나 『춘향전』의 핵심은 열녀 이야기가 아니다. 이 주장이 뜬금없이 느껴지는 이유는 춘향이 표면적으로 정절을 지키는 것으로 항거했기 때문이다. 그러나 춘향은 이몽룡이 백 퍼센트 돌아올 거라고 믿기 힘들었고, 더 중요한 것은 이몽룡이 돌아오든 오지 않든 그녀는 항거했을 거라는 점이다.

춘향은 이몽룡과 상관없이 '자신을 위해' 저항했다. 이몽룡을 사랑했지만 이몽룡을 향한 사랑 때문에 저항한 게 아니라 '자신의 사랑을 위해' 저항한 것이다. 이 사랑은 자신이 누군가를 진심으로 좋아하고 따랐던 진정을 의미하지, 나를 사랑했던 남자나 나를 구해주러 올 남자 같은 외적 상황으로 구현될 그 어떤 존재가 아니다. 결과적으로 춘향은 정절을 지킨 셈이 되었다. 그러나 그녀가 목적하고 의도한 것은 그런 어설픈 정절 관념이 아니라, 자신의 자신다움을 지키려는 것이었다.

사실 춘향은 정절을 강요당하는 상황에 놓인 게 아니었다. 이몽룡은 정절을 지키라고 강요하지 않았다. 했다면 그것은 그냥 헤어지기 위한 하나의 회유책에 불과하다. 이몽룡이 남다른 인물이기에 돌아왔지, 돌아오지 않을 수 있었고 그것이 일반적이다.

그러므로 춘향이 정절을 지킨다는 것은 일방적인 일이고 우스꽝스러운 일이다. 그럼에도 불구하고 그녀는 그 어렵고 힘들고 우스꽝스러운 일을 했다. 이유는 너무 단순하게도 이몽룡을 사랑하기 때문이다. 당시 천민 여성에게는 허용되지 않는 행위였지만, 춘향은 그것을 했다. 중세적 가치인 '정절'이라는 것에 매몰되어 스스로 객체화시켜 행동한 게 아니라, 자신이 스스로 판단하고 정한 주체로써 정절을 지킨 것이다.

이 정절의 실체는 이몽룡이 돌아올 것을 믿어서가 아니라, 돌아오든 오지 않든 상관없이 자신이 선택하고 결정한 주체적 판단에 의해 지킨 정절이다. 문제는 춘향이 그럴 수도 없고, 그럴 필요도 없고, 그래서도 안 되는 신분의 여성이지만 그녀는 그랬고 그것을 해냈다. 이것이 지금까지 우리 민족의 마음속에 살아 있는 춘향의 실체다.

물론 정절은 좋은 것이다. 『춘향전』의 내용이 열녀가 되지 말라거나 한 남자를 순애보적으로 사랑하지 말라는 게 아니다. 하지만 열녀나 순애보의 본질이 자신이 주체적으로 선택한 것이어야 한다는 엄중함을 잊지 말아야 한다. 내가 그를 사랑하기에 정절을 지키는 것이지, 내가 그를 사랑해야만 하기에 정절을 지켜서는 안 된다. 내가 정절을 지켜야만 한다는 관념적 강요 때문에 정절을 지킨다면, 그것은 사랑이 아니라 사랑이란 외피를 쓴 가짜다. '나의 진정한 마음'이 담긴 게 아니기에 힘겹고 괴로우며 종종 자기 파괴적으로 변질되기까지 한다.

'열녀'가 나쁜 게 아니라 '열녀 이데올로기'가 나쁘다. 열녀는 내가 진심으로 주체적이고 자발적으로 하는 행동이지만, 열녀 이데올로기는 그렇게 하지 않으면 안 되기에 자신도 모르게 억지로 수동적으로 따라가는 것이다. 겉보기에는 같아 보일지 모르나 둘 사이에는 하늘과 땅만큼의 현격한 차이가 존재한다.

열녀가 되지 말라는 게 아니라, 열녀 이데올로기에 빠지지 말라는 말이다. 열녀 이데올로기는 여성 스스로 나의 생각과 나의 몸이 상대 남성의 일부분이라고 생각하고 그 안에서 헤어 나오지 못하는 지극히 중세적인 가치다. 『춘향전』이 근대를 연 혁명적 텍스트가 된 이유는 바로 그 가치관을 깼기 때문이다.

춘향이 목숨을 건 항거의 이유는 간단하면서도 본질적이다. 그녀는 온몸으로 이렇게 말했다.

"내 몸은 내 것이다. 그러니 내 맘대로 하겠다."

파천황적인 놀라운 선언이다. 서양의 중세나 우리나라 조선시대에 이렇게 말할 사람이 있었을까? 단 한 명도 없었을 것이다. 중세시대 자기 몸은 자기 것이 아니었다. 노비라면 주인의 것이고 평민이라면 임금의 것이다. 심지어 고관대작도 제 몸을 제 맘대로 주장할 수 없었다. 모든 게 왕의 것이었다.

그런 시대에 만만한 신분 중에서도 가장 만만한 기녀인 여성이 "내 몸은 내 것이다"라고 말한 것이다. 정절을 지키든 말든 신경 쓰지 말란 소리다. 비록 난 지금 정절을 지키겠다고 선언했지만 그건 내가 주체적으로 판단해 내린 결정이니 그 누구도 나를 건드리지 말라는 소리다. 그야말로 온 세상이 충격에 휩싸일 선언이다.

현대를 사는 우리는 내 몸은 내 것이고 내 생각도 내 것이며, 우리는 맘먹은 대로 생각하는 대로 산다고 할 수 있다. 하지만 옛날에는 그렇지 못했다. 그때 사람들은 '생각하는 대로 살지 못하고, 살고 있는 대로 생각했다'. 머릿속에 떠오르는 대로 살다가는 당장 목이 날아갔다. 그러니 노비들은 노비처럼 생각했고 평민은 평민처럼 생각했다. 살고 있는 상황과 형편에 맞춰 스스로를 거기에 욱여넣어 생각했고 그렇게 갇힌 생각으로 살아야만 했다. 그래야 목숨이 붙어 있을 수 있었다. 그것이 중세 사회다. 그렇게 '생각한다'는 너무 단순한 것조차 틀을 벗어나 사유할 수 없는 존재가 바로 중세 사람들이다. 그런데 춘향은 달랐다. 그녀는 그것을 거부하고 깨뜨렸다.

"생각하는 대로 살고 싶다. 나에게 살고 있는 처지 대로, 기녀라는 신분 대로, 생각하라고 강요하지 마라."

이것이 바로 『춘향전』의 핵심이자 놀라운 혁명성의 실체다. 『춘향전』은 내 몸은 내 것이라고 자각하고, 내 몸은 내 것이라고 이야기하고, 내 몸은 내 것이니 내 마음대로 하겠다며 당대 관념과 싸우고 사회와 투쟁해 나가는 과정을 그린 소설이다.

그러니 이몽룡이 다시 춘향에게로 돌아오느냐 아니냐는 하나도 중요한 문제가 아니다. 그가 오든 말든 춘향은 자기 생각대로 자기 몸을 사용했을 것이다. 결과적으로 이몽룡이 돌아와 춘향의 생각대로 사는 삶을 인정하고 격려함으로써 화려한 피날레를 장식해주었을 뿐, 그렇든 그렇지 않든 춘향은 자기 마음대로 자기 생각대로 자기 몸을 살게 했을 것이다.

모두의 열망이 담긴 주인공

절개나 시대비판이 담긴 이야기는 조선시대 다른 작품에
도 있다. 하지만 그 작품들은 『춘향전』만큼 각광받지 못했
고 『춘향전』만큼 우리의 심금을 울리지도 못했다. 『춘향
전』에는 그런 단순한 가치보다 더 심오한 진심이 담겨 있
기 때문이다. 그 핵심은 '인간다움이란 무엇인가?'에 대한
물음이다. 춘향은 그 물음을 던졌고, 당대 사람들은 그 물
음에 진지하게 답했다.

당연히 정절은 좋은 것이다. 지조를 지키는 것은 필요하
다. 하지만 정절과 지조는 양반들의 것이고, 그 양반들 역
시 자발적 자기 선택이 아닌 강요에 따른 의무로 정절과
지조를 지켰다. 춘향은 정절을 지키겠다고 선언했지만 그
것은 잘못된 말이다. 기녀인 춘향의 몸은 그녀의 것이 아
니고 그녀의 마음 역시 제멋대로 해서는 안 된다. 그것이
중세의 질곡이다.

양반 여성들조차 어려서는 아버지, 결혼해서는 남편, 늙
어서는 자식을 따라야 한다는 삼종지도三從之道의 굴레에
갇혀 사는 시대에 아무것도 아닌 보잘것없는 기녀 춘향이
'내 성적 결정권은 내게 있다'는 놀라운 선언을 했다. 수청

거부로 드러난 춘향의 항거는 아무리 사또라 해도 내 몸을 함부로 할 수 없다는 선언이며, 이몽룡 역시 내가 허락했기에 가능하다는 경천동지할 선포였다.

『춘향전』이 고전인 이유는 당대에는 생각조차 할 수 없던 놀라운 사상을 담고 있기 때문이고, 이 이야기에 당대 민중들이 열광한 이유는 '춘향 몸이니 춘향 맘대로 해라'에 공감하고 인정했기 때문이다. 사람들은 알고 있었다. 춘향이 기생 주제에, 뭣도 모르는 어린 여자 주제에 무시무시한 권력 앞에서 "내 몸이니 내 맘대로 하겠다!"고 바락바락 대드는 게 말도 되지 않는 일임을 모르지 않았다. 수청을 거절한다는 것은 어리석은 정도가 아니라 있을 수 없는 황당한 짓이란 것도 잘 알았다.

이몽룡이 암행어사가 되는 것도, 남원에 내려와 구출해 내는 것도, 정렬부인으로 삼는 것도 모두 말도 안 되는 헛소리라는 것을 너무나도 잘 알았다. 이 세상에 있을 수 없는 황당한 판타지라는 것을 똑똑히 알았지만 그들은 하나같이 열광했다. 그것은 그랬으면 좋겠다는 그들의 마음이었다. 비록 자신들은 못하지만, 비록 자신들은 질곡에 묶여 있지만 춘향만은 거기에서 벗어나 훨훨 날아갔으면 좋겠다는 바람이었다. 사람들은 춘향의 입장에 공감했고 축복했다.

매정하게 이몽룡이 떠난 후 그녀에게 괴로움이 닥쳤다. 그래, 좋다. 이미 버린 몸, 변학도에게 바치자고 생각할 수도 있었다. 그런데 변학도가 떠난 다음은 어떻게 될까? 또 다른 사또가 올 테고, 그 자도 수청을 요구할 테고, 그러다가 그도 떠날 테고, 그러면 또 다른 사또가 올 테고, 또 다시… 그렇게 한없이 이어질 터였다. 그러는 동안 나는 어떻게 될까? 나다움은 어디로 가버릴까? 아니 애초에 나다움이란 게 있기나 했을까?

사람들은 춘향의 마음을 알았다. 이놈이 찝쩍대고 저놈이 괴롭히며 어떻게든 단물만 빼먹고 버리려는, 이 황망한 상황에 대해 문제를 제기하고 있다는 것을 알았다. 분명 춘향이 우겼다. 떼를 썼다. 그렇게 억지를 부리며 바락바락 대들어야만 겨우 제자리이기에 그렇게 했다. 사람들은 그것을 알았다.

춘향의 발악을 바라보는 사람들은 알았다. 그렇게 버티는 안쓰러움을 눈물 섞인 눈으로 보았다. 그래서 말도 안 되는 판타지를 만들어낸 것이다. 한번 씹다 버린 껌을 다시 입에 넣을 리 없지만, 그 고귀한 양반 도령께서 암행어사가 되어 춘향을 구출하러 내려올 리도 없지만, 하늘이 두 쪽 나도 절대 정렬부인이 될 리 없지만 그렇게 되게 한 것이다. 아니 그렇게 되기를 열망했다. 그렇게 『춘향전』이 만들어졌다.

남원 사람들은 춘향이 감옥에서 고생할 때 다 같이 애달파하고 슬퍼하고 통곡했다. 춘향이 서울로 올라가자 모두 자기 일인 양 신이 나서 기뻐했다. 자신들에게 무슨 혜택이 돌아가서가 아니다. 춘향이처럼 자신들도 잘될 거라고 믿어서도 아니다. 그들은 단지 한마음이었다. 그녀가 잘되기를 간절히 바라는 마음, '비록 나는 아니어도 너만은 행복하게 살라'는 열망, 그것이 바로 『춘향전』이었다. 그리고 이것이 『춘향전』을 읽고 듣고 바라보는 사람들의 마음이기도 했다. 이것이 『춘향전』 혁명성의 본질이다.

혹시 『춘향전』의 혁명성이 사라졌다면 그것은 정절이 퇴색하고 민중적 비판 의식이 시들해져서가 아니다. 인간다움의 가치가 사라졌기 때문이다. 네가 행복한 것을 보는 것만으로도 가슴 뭉클하고 행복감이 차오르는 그 진정성이 사라졌기 때문이다. '나는 아니어도 너만이라도 행복하기를….' 눈물 섞인 열망과 환희와 기쁨이 사라지고 냉철하고 차가운 지식의 이론과 계산만 남았기에 『춘향전』은 더 이상 치명적이지도, 혁명적이지도 않다.

고전의 고전다운 『춘향전』은 춘향의 드라마틱한 인간

승리에 있는 게 아니다. 자신의 처지와 상황에 매몰되지 않고, 자신의 지위와 관념에 얽매이지도 않으며, '나는 나'라고 외치는 것에서 시작된 선언이 메아리가 되어 우리 모두의 가슴을 울릴 때 『춘향전』은 고전이 된다. '나는 나'에서 시작된 소리가 '너라도 잘…'이라고 우리 사이에 메아리칠 때 『춘향전』의 혁명이 시작된다. 『춘향전』이 고전이 되는 길은 오직 이뿐이다.

3부

『홍길동전』

최약자 홍길동은 어떻게
'만들어진 히어로'가 되었는가

19~20세기 초 수많은 조선의 민중이 『홍길동전』에 열망한 이유는
홍길동이 보여주는 강한 주체성 때문이다.
한마디로 이 소설은 한 사람의 주체성을 드러내는 욕망에 관한 이야기다.
자신의 존재를 각성하고 불행한 운명에 순응하지 않으며
불굴의 의지로 자신의 욕망을 실현하는 모습은
우리가 살아가는 이 시대에 꼭 필요한 인간상이다.

1

『홍길동전』은 허균이 쓴 최초의 한글 소설인가

호출된 고전, 박제가 되다

우리나라 사람이라면 '홍길동'이라는 이름을 모르기 어렵다. 관공서에 가면 서식을 쓰는 예시가 마련되어 있는데 이름을 쓰는 칸에 표기되어 있는 대표적 이름이 바로 '홍길동'이다. 그냥 친구처럼 여겨질 정도다.

『홍길동전洪吉童傳』이야기는 주인공 홍길동이 태어나 성공하기까지의 일대기적 구성을 지니고 있어서 다른 작품들에 비해 단순하다. 오해의 여지가 별로 없다.『흥부전』은 흥부와 놀부가 등장하고 세상을 이항대립적으로 보는 우리의 시각이 개재되기에 오해를 불러일으킬 만했고, 『춘향전』은 춘향과 이몽룡, 변학도 등 제각기 중요한 인물들이 다채롭게 서사를 만들어가는 데다 여러 이본이 서로 다른 이야기를 하다 보니 혼란스러워 본질을 찾기 어려울 만했다. 그래서 제대로 읽어내기 쉽지 않았다. 이에 반해 『홍길동전』은 지극히 단순한 이야기라 오해의 여지가 없는데 정작 『흥부전』, 『춘향전』보다 더 크게 오해하고 있는 작품이다.

가장 큰 이유는 『홍길동전』을 잘못 가르치기 때문이다. 홍길동이 시대적 요청에 따라 불려나와 영웅으로 만들어졌기에 실제와 전혀 다른 모습으로 오해할 수밖에 없는 것이다. 즉, 에토스Ethos적 호출에 따라 소환된 고전 영웅의 모습을 바탕으로 『홍길동전』을 이해하기에 본질에서 어긋나고 있다. 결론을 미리 말하자면, 우리가 알고 있는 홍길동은 우리 의도대로 만들어진 영웅이기에 진정한 홍길동의 영웅성을 도리어 훼손하고 있다. 홍길동의 영웅성은 우리 생각보다 더 본질적이고 더 근본적이었기에 조선 당대 사람들이 『홍길동전』에 열광했던 것이고, 우리나라에 와 있던 호러스 알렌Horace Newton Allen(1858~1932)이 영어로 번역할 정도로 관심이 높았다.

안팎으로 『홍길동전』을 둘러싼 오해와 편향의 시작은 '최초의 한글 소설을 찾아야 한다'는 강박에서부터다. 세상 무엇이든 근원은 있기 마련이지만 그 근원을 찾기란 생각처럼 쉽지 않고 꼭 찾아야 하는 것도 아니다. 하지만 '최초'와 '한글 소설'이 필요했던 당시 시대적 요청이 있었다. 그때 마침 우리 눈앞에 딱 '홍길동전'이 있었다. 작가도 분명해 보였고, 그 작가가 혁명적 일생을 산 사람인 데다, 소설의 이야기도 조선왕조의 부조리를 비판하는 내용을 담고 있던 것이다. 그렇게 우리나라 최초의 한글 소설로 '홍길동전'이 거명되기 시작하자 나머지는 자동으로 척척 이어지며 맞춰졌다.

심각한 문제는 이 중 어느 하나라도 삐끗하면 죄다 부서지듯 의미를 잃고 마는 것이라, 절대 반박이 불가했다. 그렇게 『홍길동전』은 작가 허균이 지은 최초의 한글 소설이 되었고, 홍길동은 조선왕조의 한계를 비판한 혁명적 영웅이 되어버렸다. 그 어느 것도 반론은 불가능한 이데올로기로 굳어졌고, 학교 교육을 통해 반복 재생산되었다. 본래 교육을 위해 만들어진 영웅이다 보니 확산은 신속했고 범위는 무제한적이었다.

이렇게 민족적 자긍심을 고취하기 위해 호출된 홍길동

과『홍길동전』은 결국 본질을 잃고 박제되어, 아무도 건드리지 못할 저 높은 위치로 올라갔다. 그렇게 '최초', '한글', '허균'의 긴밀한 연결고리에 그 어떤 의문도 제기할 수 없는 거대한 담론이 되어버렸다. 자칫하면 민족의 자긍심까지 건드리는 불순분자가 될 수 있으니, 모두가 번연히 눈앞의 명백한 사실을 보고도 잘 인지하지 못하는 지경이 되어버렸다.

이런 상황이 빚어낸 아이러니는 진짜 영웅인 홍길동을 얼치기 수준의 영웅 동상처럼 만들어버렸다는 점이고,『홍길동전』의 진정한 의미를 찾기 어려워졌다는 점이며, 당대 민중들이 뜨겁게 열광했던 그 혁명성을 도무지 알아볼 수 없게 만들었다는 점이다. 박제는 비슷하지만 가짜다. 아무리 진짜처럼 보여도 진짜일 수 없고, 진짜가 지니고 있는 생생함을 결코 느낄 수 없다. 물론 사람마다 느낌이 다르고 취향이 다르겠지만, 목을 잘라 벽 위에 걸어놓는 것보다 넓은 들판을 자유롭게 뛰어다니게 하는 게 더 가치 있다고 나는 믿는다.

그래서『홍길동전』을 둘러싼 불편한 시선을 따져보며 소설 내용을 차분히 살펴볼 생각이다.『흥부전』이나『춘향전』보다 어렵지 않다. 말했듯이 주인공 홍길동의 일대기

를 그려낸 아주 단순한 이야기이니 말이다. 누구든 혼자서
도 약간만 노력하면 알 수 있다. 더도 말고 덜도 말고 그냥
『홍길동전』 앞부분 한 장만 읽어보라. 그리고 학교에서 배
운 홍길동과 어떻게 다른지 한번 생각해보라. 당신이 읽
은 『홍길동전』이 학교에서 배운 『홍길동전』과 같은 느낌인
가? 결코 그렇지 않을 것이다. 이제 함께 시작해보자.

진짜 우리나라 최초의 한글 소설일까

우리나라 최초의 소설은 조선 세조 때 김시습金時習(1435
~1493)이 지은 『금오신화金鰲新話』라는 한문 소설이다. 본래
20편 정도의 단편소설 모음집이었을 텐데, 현재 남아 있는
것은 「만복사저포기萬福寺樗蒲記」, 「이생규장전李生窺墻傳」 등
다섯 편뿐이다. 『금오신화』 이전에도 소설로 볼 법한 짧은
한문 단편이 존재해 연구자들의 의견이 갈리지만, 어떻든
『금오신화』는 분명한 서사와 갈등을 담고 있는 진정한 의
미의 소설이라고 모두 인정한다.

문제는 한글 소설이다. 우리는 지금 한문이 아닌 한글을
사용하고 한글 소설을 읽는다. 그러니 자연스레 최초의 한

글 소설이 무엇인지 궁금했고, 그 답으로 조선 중기 광해군 때의 정치가이자 학자였던 허균許筠(1569~1618)이 지은 『홍길동전』이 최초의 한글 소설로 평가되었다. 이것이 우리가 학교에서 배우고 지금껏 당연한 것으로 알고 있는 내용이다. 일단 모든 학자들이 동의하는 몇 가지를 분명하게 짚고 넘어가겠다.

첫째, 현재 우리가 알고 있는 모든 『홍길동전』 텍스트는 허균 당대의 것은 단 한 편도 없다. 대부분 19세기 말에서 20세기 초의 텍스트들이다. 이 텍스트들의 원전에 해당하는 사라진 원본 『홍길동전』을 아무리 추적해 올라가도 18세기보다 더 위로 올라가지는 않는다.

둘째, 현재 우리가 알고 있는 모든 『홍길동전』 텍스트는 한글로 되어 있다. 몇몇 한문으로 된 텍스트가 있지만 한글 소설을 놓고 번역한 후대 번역본이지, 우리가 익히 아는 홍길동의 활약상을 그려놓은 한문으로 된 텍스트는 없다. 즉, 적서 차별을 받고 활빈당을 만들고 도술을 부리는 홍길동 이야기는 분명히 처음부터 한글로 지어졌을 가능성이 높다.

셋째, 조선시대 고소설 작품의 작가가 많이 알려지지 않은 이유는 작품을 창작하는 것을 그리 높게 평가하지 않아서였다. 점잖은 양반이 할 짓이 아니라는 분위기가 팽배한 시절이라 작품을 창작했으나 그 작품에 자기 이름이나 별칭을 적어넣지는 않았다. 작품에 당당하게 이름을 넣기 시작한 것은 19세기 들어와서다. 아무튼 우리가 아는 고소설 작가와 작품의 연결은 이런저런 주변 다른 문헌들을 종합적으로 검토해 이루어진 것이다.

자, 이제 허균이 어떻게 우리가 알고 있는 그 한글 『홍길동전』과 연결되었는지 살펴보자. 말했듯이 현재의 어떤 『홍길동전』 텍스트에서도 '허균'이라는 이름이 직접적으로 언급된 것은 없다. 그리고 현재 텍스트들은 허균 당대인 16~17세기로 소급되는 것도 없다. 그런데 이런 기록이 있다. 택당 이식李植(1584~1647)의 『택당집澤堂集』 별집 권15에 『홍길동전』 작가에 대한 언급이 있다.

세상에 전하기를 '『수호전』을 지은 사람은 3대가 벙어리가 되었는데, 그 대가를 받은 것이다'라고 한다. 도적들이 그 책을 좋아했기 때문이다. 허균과 박엽 등이 그 책을 좋아하여 도적 장수들의 별명을 가져다가 각자 자기들 호로 삼아 서로 낄낄거리며 놀았다. 또 허균이 『홍길동전』을 지어 『수호전』에 빗대었다. 그 무리인 서양갑,

심우영 등은 몸소 그 행위를 좇았기에 한 마을이 산산 조각이 났고, 허균 또한 반란죄로 주살되었으니, 이것은 벙어리가 된 대가보다 더욱 심하도다.

이후 경전처럼 반복되는 말인 "또 허균이 『홍길동전』을 지어 『수호전』에 빗대었다"의 원문은 '均又作洪吉同傳 以擬水滸'이다. 여기서 '洪吉同傳'이라는 표기는 우리가 아는 '洪吉童傳'과 조금 다르지만 흔히 섞어 썼기에 같은 것을 지칭하는 거라고 판단해도 된다. 또한 "그 무리인 서양갑, 심우영 등은 몸소 그 행위를 좇았기에 한 마을이 산산조각이 났다"는 칠서지옥七庶之獄 사건과 "허균 또한 반란죄로 주살되었다"는 허균 역모 사건은 분명한 역사 사실을 지적한 것으로, 이런 점에서 택당 이식의 언급은 신뢰성이 있다.

『홍길동전』과 허균의 관계는 『송천필담松泉筆譚』, 『지수염필智水拈筆』 등 조선시대 다른 책에서도 보이는데, 이는 이식의 글을 그대로 옮겨 적은 것일 뿐이다. 즉, 허균과 『홍길동전』의 연결 고리는 이식의 위 언급이 최초이자 신뢰할 만한 유일한 기록이다. 이식의 기록을 살펴보면, 허균이라는 사람이 『홍길동전』을 지었다는 사실을 전달하기 위해서가 아니라, 허균이라는 사람이 경박하고 문제가 좀 많은 사람인데『홍길동전』같은 도적놈 이야기를 지은 것만 봐도 반란죄로 주살될 만하다는 폄하의 내용이다. 이식의 언급에서 우리는 두 가지를 확인할 수 있다.

첫째, 그가 보았거나 알고 있는『홍길동전』은『수호전』처럼 도적들 이야기라는 점이다. 활빈당 이야기를 언급한 거라고 볼 수도 있다. 그러나 정말 진짜 다른 도적들 이야기였을 가능성도 충분하다.『조선왕조실록』중「연산군일기」와「중종실록」을 보면, '홍길동洪吉同'이라는 도적 이름이 등장한다.

> 영의정 한치형, 좌의정 성준, 우의정 이극균이 아뢰기를, "듣건대, 강도 홍길동洪吉同을 잡았다 하니 기쁨을 견딜 수 없습니다. 백성을 위하여 해독을 제거하는 일이 이보다 큰 것이 없으니, 청컨대 이 시기에 그 무리들을 다 잡도록 하소서" 하니, 그대로 좇았다.
>
> ─ 연산 6년(1500) 10월 22일

> 한치형이 아뢰기를, "강도 홍길동洪吉同이 옥정자玉頂子와 홍대紅帶 차림으로 첨지僉知라 자칭하며 대낮에 떼를 지

어 무기를 가지고 관청에 드나들면서 기탄없는 행동을
자행했는데…."

— 연산 6년(1500) 12월 29일

충청도는 홍길동洪吉同이 도둑질한 뒤로 유망민들이 생
겼지만 아직 회복되지 못하여….

— 중종 8년(1513) 8월 29일

우선 실록에 등장하는 '홍길동洪吉同'이라는 한자와 이식
의 글에 등장하는 '홍길동전洪吉同傳'이라는 한자가 동일하
다고 해서 억측하면 곤란하다. 앞서 말했듯이 '吉同'과 '吉
童'은 같은 의미로 혼용되었다. 다만 허균이 태어나기도 전
에 있었던 이 실존 인물 도적 홍길동 사건은 나라를 뒤흔
든 큰 사건으로 허균이 어린 시절에 주변에서 들었을 가능
성이 매우 높다. 그리고 그 도적 이야기를 바탕으로 '홍길
동전'을 창작했을 가능성도 분명히 있다.

이 실존 인물 홍길동의 여파가 얼마나 크고 강렬했는지
조선시대 이런저런 기록에서 단편적으로나 구체적 창작으
로나 도적들이 관가를 습격하고 탐관오리를 징치하고 재
물을 빼앗아 가난한 자를 도와주는 이야기들이 상당히 많

다. 즉, 우리가 아는 현재 『홍길동전』의 홍길동처럼 도술을 부리는 이야기는 아니지만 활빈당과 같은 정도의 도적들 이야기는 상당히 일반적이었다.

정리하면, 택당 이식의 글에서 알 수 있는 분명한 점은 '홍길동전'은 도적들 이야기이며, 지금의 『홍길동전』일 수도 있지만 다른 '홍길동전'일 수도 있다는 사실이다.

두 번째로 이식의 글에서 살펴볼 것은 이식이 『홍길동전』을 허균이 지었다고 확신했다는 점인데, 그렇다면 이 당시 그는 어떤 '홍길동전'을 보았을까가 매우 중요하다. 이식이 확인한 『홍길동전』이 한글인지 한문인지 따져보아야 하기 때문이다.

만약 이식이 한글이 아닌 한문 소설을 보았고 그것을 허균이 지었다고 말했다면, 우리가 알고 있는 '최초의 한글 소설 『홍길동전』'은 존재 기반이 사라진다. 그래서 모두 이식이 현재 우리가 알고 있는 한글 소설 『홍길동전』의 원전을 보았을 거라고 추정한다. 그러나 다른 근거가 없는 단순 추정이기에 동일하게 반대 경우도 가능하다. 이식이 한문 『홍길동전』을 보았고 그것을 허균이 지은 거라고 했을 가능성 말이다. 즉, '한글 소설을 보았다'는 주장이나 '한문 소설을 보았다'는 주장이나 모두 특별한 확증적 근거는 없기에 어느 한쪽이 옳다고 우기기는 곤란하다. 그런데 앞서 보았듯이 지금 우리들은 한글 소설이라고 우기고 있는 중이다.

그러나 택당 이식이 17세기 양반 지식인이라는 점을 감안하면 한문을 보았을 가능성이 오히려 더 높다. 또한 허균이 『홍길동전』을 지었다면 그건 '전傳'이었을 가능성이 높고 당연히 한문으로 지었을 수밖에 없다. 한문 단편 글쓰기 패턴 중에 '전傳'이라는 부류가 있는데, 『사기史記』 열전列傳에서부터 이어지는 형식이다. 간단히 말해 한 인물의 일대기를 적는 거라고 보면 된다. 허균은 「남궁선생전南宮先生傳」, 「손곡산인전蓀谷山人傳」 등 다섯 편의 전을 지었는데 물론 모두 한문이다. '전' 외에도 허균이 지은 글들이 많지만 모두 한문으로 쓰였다. 한글로 지은 글은 단 하나도 없다. 이로 보아 이식이 허균의 『홍길동전』을 보았다고 해도 그것이 한글 소설일 가능성은 낮다. 한문을 보았을 거란 추정이 훨씬 더 타당하다. 솔직히 살짝 마음이 불편해진다. '최초의 한글 소설 『홍길동전』'이라는 필요한 가치를 훼손하는 듯해서다.

최근 황일호黃一皓(1588~1641)의 『노혁전盧革傳』이라는 한문 전이 발견되었는데, 홍길동의 일대기를 담고 있다. 이는 중요한 발견으로 우리가 아는 『홍길동전』의 도술을 부리는 홍길동 이야기가 아닌 실제로 존재했을 법한 도적 이야기를 전 형식으로 저술했다는 점이다. 이는 허균이 아닌 황일호가 『홍길동전』 작가라는 주장이 아니라, 그 당시 이런 식으로 실존 인물 '도적 홍길동'에게서 영감을 받거나 그에 대한 흥미로운 이야기를 바탕으로 '홍길동전'을 지은 자가 여럿 있었단 점이고, 그 '홍길동전'은 한글이 아닌 한문으로 기록된 전 형식이라는 점이다. 사실 조선시대 한문으로 쓰인 단편 중에는, 활빈당을 만들고 율도국을 정벌하고 병조판서가 되는 식의 내용이 아닌, 너무 가난하고 삶이 궁박해 도적이 되어 관군과 싸우다가 결국 붙잡혀 어딘가로 끌려가는 식의 이야기들이 아주 흔했다.

정리하면, 택당 이식의 언급처럼 허균이 『홍길동전』을 지었을 수 있지만 그것이 한문일 가능성이 높고, 허균이 창작했다는 작품이 지금 우리가 보고 있는 한글 소설 『홍길동전』의 원형이라 해도 그 이야기에 도술을 부리는 영웅적 모습을 찾기란 쉽지 않을 거라는 점이다. 가장 타당성이 높은 추정은 황일호의 『노혁전』처럼 허균이 한문으로 『홍길동전』을 지었고, 그것이 후대인 18~19세기로 전해오면서 한글로 번역되는 과정에 이런저런 내용이 추가되어 지금 우리가 읽는 한글 『홍길동전洪吉童傳』이 되었다고 보는 것이다. 물론 추정일 따름이다.

문제는 이를 받아들이기가 쉽지 않다는 점이다. 이를 받아들이면 '최초의 한글 소설'이 사라지기 때문이다. 사실 '최초 한글 소설' 타령이 있지도 않던 조선시대 내내 택당 이식의 기록을 읽은 사람들은 그 누구도 허균이 지었다는 『홍길동전』이 한글인지 한문인지 신경 쓰지 않았다. 당연했다. 모두 다 그 문맥을 읽으면서 자연스레 한문 전을 떠올렸기 때문이다. 그러다가 시대적 요청에 따라 갑작스레 택당 이식의 언급이 뜨거운 감자가 되어버린 것이다.

무슨 근거로 한글 소설이라 했을까

사실 근대 개화기까지 그 누구도 '허균의 한글 소설 『홍길동전』'이라고 말하지 않았다. 최초로 그렇게 주장한 이는 김태준金台俊(1905~1949)으로 자신의 저서 『조선소설사』(1933)를 통해 『홍길동전』이 우리나라 최초의 '한글 소설'이라고 주장했다. 더 정확히 말하면 김태준은 《동아일보》에 우리 문학사에 관한 칼럼을 총 69회 연재했는데,

1930년 12월 4일 칼럼(18회)인 '『홍길동전』과 허균의 예술'에서부터 최초의 한글 소설로 언급했다.『조선소설사』는 이 칼럼들을 모아 엮은 책이다.

아무튼 이전까지 우리나라에서는『홍길동전』이 한글로 쓰였는지 한문으로 쓰였는지에 대해 별다른 생각이 없었다. 그냥 허균이 지은 소설이라는 택당 이식의 언급을 통해 그런가보다 했을 뿐이다. 근대적 의미에서 김태준이 우리나라 최초로 허균이 '한글'로『홍길동전』을 지었다고 주장한 것이다.

그런데 문제는 허균이『홍길동전』을 지었다는 것은 택당 이식의 글로 근거를 대었으나, 허균이 한글로 지었다는 것은 근거를 대지 않았다. 그가 왜 한글 창작의 근거를 제시하지 않았는지는 모르지만, 이후 수많은 연구자들이 김태준 당대보다 더 많은 자료를 섭렵하고 찾고 노력했음에도 불구하고 못 찾은 것을 보면, 김태준은 근거를 댈 수 없었기 때문에 근거를 대지 못한 것이다.

정리하면, 1930년 혹은 1933년에 김태준이 "최초의 한글 소설은 허균의『홍길동전』이다"라고 말했지만 그 근거는 없다. 굳이 우기자면 앞서 살펴본 택당 이식의 글뿐인데 그것은 한글 소설이라는 근거가 될 수는 없다. 김태준

보다 조금 앞선 상황을 살펴보아도 최초의 한글 소설이
『홍길동전』이라는 확증은 어렵다.

육당 최남선崔南善(1890~1957)은 1908년 창설한 신문관
新文館에서 신식 활판으로 값싼 문고본 고소설을 1913년부
터 발행했는데 이것을 육전소설六錢小說이라고 한다. 여기에
당연히 『홍길동전』도 들어 있다. 우리가 잘 아는 그 내용의
『홍길동전』 말이다. 이때 최남선은 작가로 허균을 언급하
진 않았다. 최남선은 당대 천재 중 한 명이라고 추앙할 정
도의 인물이었으니, 그가 작가를 몰라서 언급하지 않았을
가능성은 낮다. 알아도 그냥 안 썼을 가능성은 있지만 당
시는 출판물에 대해 일제가 이렇게 저렇게 규제하던 때라
고소설의 경우 작가를 알 수 없을 때 발행인의 이름을 넣
기도 했다. 그런데 최남선이 허균의 이름을 적시하지 않았
다면, 추정컨대 그 한글 『홍길동전』이 허균 저작이라고 생
각하지 않았을 가능성이 있다.

사실 이 시대에 김태준 외에는 그 누구도 허균의 한글
『홍길동전』을 말하지 않았다. 일제강점기 때라 일본인들은
전략적으로 조선을 해부하고 이해하기 위해 온갖 연구를
해댔다. 한국인의 '망탈리테mentalites'를 연구하기 위해 우
리 이야기를 수집 정리하고 주요 작품은 일어로 번역하기

도 했다. 그것이 1926년 호소이 하지메細井肇(1886~1934)의
『홍길동전』 일본어 번역이다. 이때도 작가로 허균을 언급
하진 않았다.

이는 사실 최남선의 경우보다 조금 더 무겁게 고민해봐
야 한다. 일본인들이 조선 작품을 번역한 것은 조선 사람
들의 사고방식과 가치관을 이해하기 위한 방편이었고, 그
렇다면 연구 결과 작가가 조선 중기의 풍운아 허균이었다
는 사실을 알았다면 그것을 적시했을 가능성이 높기 때문
이다. 호소이 하지메가 허균 저작이라고 언급하지 않았다
면 그렇게 생각하지 않았을 가능성이 높다. 물론 이 역시
정황적 추정일 뿐이다.

분명한 것은 지금의 서울대학교 전신인 경성제국대학
교 교수였던 다카하시 도루高橋亨(1877~1967)가 연구한 결
과를 발표한 것이다. 앞서 본 김태준은 경성제국대학교 재
학생으로 당시 한국학 연구자이던 다카하시 도루와 사제
지간이었다. 실제로 둘은 「이조문학사 연구李朝文學史の硏究」
라는 공동 보고서를 내기도 했다. 아무튼 다카하시 도루는
1927년 11월 일본 신초사에서 간행한 『일본문학강좌』라
는 책을 썼는데, 이 책의 '조선문학연구-조선의 소설' 부분
에서 "『홍길동전』의 작가는 허균"이라고 주장했다. 그리고

그 근거는 우리가 앞서 살펴보았던 택당 이식의 언급이다.

시간순으로 정리하면, 최남선과 호소이 하지메는 알았는지 몰랐는지 분명치 않으나 아무런 언급을 하지 않았고, 이후 연구자인 다카하시 도루가 최초로 『홍길동전』의 작가로 허균을 지목한 것이다. 그리고 이후 김태준이 한글소설 『홍길동전』의 작가로 허균을 지목했다. 그렇다면 다카하시 도루가 김태준에게 그렇게 가르쳤다고 쉽게 오해할 수도 있지만 아니다. 다카하시는 택당 이식의 언급을 인용하면서 다음과 같이 분명하게 말했기 때문이다.

지금의 『홍길동전』은 언문으로 쓰여 있다. 허균이 지은 원문은 한문이 아니면 안 된다. 택당도 그것을 본 것 같다. 어느 때에 원본이 없어졌는지는 증명할 수 없다.

다카하시 도루의 언급은 분명하다. 자신이 글을 쓴 1927년 당시는 언문, 즉 한글 『홍길동전』밖에 없는데, 허균이 지었다는 원문은 한글이 아닌 한문일 수밖에 없으므로 택당 이식이 보았다는 '홍길동전' 역시 한문일 거라는 추정이다. 그리고 그 한문 원본이 언제 없어졌는지는 모르지만 현재는 없다는 점을 말했다.

정리하면, 1927년 다카하시 도루는 허균이 『홍길동전』을 지었으나 한글이 아닌 한문 소설이고, 그 한문 원전은 언제 사라졌는지는 모르나 현재 보고 있는 한글 『홍길동전』은 원전이 아니라고 했다. 이후 1930년, 그의 제자 김태준은 《동아일보》에 칼럼을 연재하면서 "허균이 한글로 『홍길동전』을 지었다"라고 말했는데 별다른 근거를 제시하지 않았고, 그 칼럼을 엮어 펴낸 1933년 『조선소설사』에서도 동일하게 주장했으나 역시 그 근거를 말하지 못했다.

무슨 근거로 김태준은 허균을 한글 소설 『홍길동전』의 작가라고 했을까? 그리고 무엇 때문에 그런 주장을 했을까? 민족의 자긍심을 높이고자 하는 의도였을 것으로 짐작은 되나 정확한 이유는 알 수 없다. 근대적 학문 체계로 조선 한문학사와 소설사를 정리할 정도로 우리 문학에 애정이 깊던 김태준이다 보니, 한글 소설 『홍길동전』이라는 담론을 만들어낸 그의 고심이 엿보이기는 한다.

진짜 심각한 문제는 김태준이 아니다. 김태준의 '한글 소설' 운운 언급을 지금까지 아무런 객관적 검증 없이 그대로 답습해오고 있는 현재 상황이다. 그 바탕에는 최초의 한글 소설이 사라지면 안 된다는 강박과 불안에 떠는 고집이 있다. 분명한 것은 조선시대 언젠가 이름 모를 어느 작가가 한글로 소설을 창작했다. 그 시초가 누구이고 그 작품이 무엇인지 모를 수 있다. 알면 좋지만 모른다고 우리 한글 소설의 수준이 격하되거나 한글 소설이 가치를 잃는 것은 전혀 아니다. 그런데도 한글 소설의 시초를 논리적인 판단과 정합적 타당성을 통해 판단하지 않고 맹목적으로 움켜쥐려고만 하는 것은 아집이라 하지 않을 수 없다. 고집과 아집은 정치는 될지 몰라도 학문이 될 수는 없고, 다양한 가능성을 열어둔 활발한 논의가 불가능한 상황에서 학문은 발전하기 힘들다.

진짜 허균의 작품일까

실제 허균이 『홍길동전』을 썼다는 주장은 택당 이식의 언급밖에 없다. 그리고 그 당시 이식이 본 『홍길동전』이 지금 우리가 읽고 있는 한글로 된 『홍길동전』과 같은 것인지에 대해서는 검증이 필요하다. 현재 허균이 한글로 쓴 저작물은 남아 있는 게 하나도 없다. 지금 살펴보고 있는 논란의 『홍길동전』을 제외한 나머지는 모두 한문으로 쓰인 저작물이다.

허균은 한글을 쓸 수 있는 능력이 있었을 것이다. 당대에는 비록 한글을 사용하지 않아도 한글을 읽고 쓸 줄 아는 양반 남성들이 많았다. 어떤 이는 한글을 반나절 만에 깨우쳤다는 기록이 있을 정도로 쉽기 때문이다. 그러나 한글을 읽고 쓸 줄 안다는 것과 한글로 문학작품을 창작할 수 있다는 것은 아주 다른 능력이다. 무엇보다 평소 익숙하게 사용하는 한문을 두고 굳이 한글로 소설을 창작할 이유는 없다. 한글로 썼다면 한글로 써야만 할 구체적인 이유가 있었을 것이다. 물론 지금은 알 수 없다.

모두 안개 속에서 손을 내젓는 것처럼 모호할 따름이다. 명확한 것은 허균이 한문에 능한 양반 남성이었고 많은 한문 저작만을 남겼다는 사실이다. 허균이 『홍길동전』을 지었다면 한문 전일 것이고, 그 서사는 지금 우리가 읽는 한글 『홍길동전』처럼 도술을 부리고 병조판서가 되고 율도국을 정벌하는 식의 내용이 아니라, 도적이 되어 관가를 습격하는 현실에서 있었던 이야기에 영향받은 내용일 것이다.

『홍길동전』이 우리 문학사에서 중요하게 다뤄지기 시작한 것은 일제강점기 이후 우리들의 필요에 의해서다. 그 과정에서 택당 이식과 김태준의 기록을 토대로 '한글 『홍길동전』은 허균이 지은 소설'이라는 공식이 성립하게 되었다. 그러나 여기에는 굉장히 중요한 몇 가지 결락이 있어, 퍼즐이 완벽하게 들어맞지 않음에도 불구하고 이 담론이 그대로 봉합된 채 지금까지 반복되고 있다.

이렇게 공고한 도그마가 되어버린 '허균이 지은 한글 소설『홍길동전』' 담론에 의문을 품거나 문제를 제기하는 것은 민족의 고전을 훼손하려는 불온한 저의로 읽힌다. 이것이 현재『홍길동전』을 둘러싼 외부의 문제다.

2

홍길동 출생은
영웅 탄생의 서막인가

전반부와 후반부의 불일치성

우리가 『홍길동전』의 고전다움을 제대로 보지 못하는 이유는 이 책을 둘러싼 불편한 문제들이 안팎으로 있기 때문이다. 앞서 살펴본 외부의 문제보다 더 심각한 게 내부의 문제다. 이야기에 대한 기본적인 이해부터 불편한 시선들이 끼어들어 본질과는 다른 엉뚱한 가치들을 쏟아내기 때문이다. 이제부터 『홍길동전』 내부로 들어가보자.

　『홍길동전』은 양반가의 서자庶子로 태어난 홍길동의 일대기를 그려낸 소설이다. 신분제 비판, 사회 모순 고발, 봉건 체제 비판, 해외 이상국理想國 건설 등 매력적인 내용을 신나는 활극풍의 서사로 담아냈기에 사람들이 무척이나 좋아했다.

한 가지 용어 문제를 정리하자면, 양반가 처에게서 태어 난 아들은 적자嫡子라 하고, 첩의 아들은 보통 서자庶子로 통 칭한다. 그런데 차별이란, 차별받는 대상들 사이에서 더 구 별해야 더욱 강화되는 것이다 보니 첩의 신분에 따라 용어 를 다르게 쓰기도 해서 천민 첩의 아들은 얼자孼子라고 구 별해 불렀다. 홍길동의 어머니는 몸종 출신이니 정확히 말 하면 홍길동은 얼자인 것이다.

아무튼 우리가 익히 알고 있는 『홍길동전』은 서자로 태 어난 홍길동이 적서 차별의 질곡에 너무나 괴로워한 나머 지 이를 극복하고자 집을 나간 후 활빈당을 만들어 빈민들 을 구제하고 병조판서가 된 뒤 해외로 나가 율도국이라는 나라를 건설해 왕이 되었다는 이야기다.

현재 남아 있는 『홍길동전』 이본 중 가장 원본에 가까운 것으로 판단하는 '김동욱 89장본'부터 신문관에서 발행한 육전소설 『홍길동전』 등의 활판본까지 모든 이본 텍스트 의 내용은 이와 동일하다. 전쟁 장면 같은 군담이 더 스펙 터클해진 이본도 있고 몇몇 내용이 축소된 이본도 있지만 중심 이야기는 같다. 노파심에 덧붙이면 앞서 본 한문 전인 『노혁전』의 도적 홍길동 내용과는 스토리가 다르다.

혹시 『춘향전』처럼 이본에 따라 이야기가 많이 다른 것 아니냐고 생각할 수도 있다. 『춘향전』은 춘향의 신분에 대해서만도 이본 텍스트마다 복잡할 만큼 의견이 분분했지만 『홍길동전』은 그렇지 않다. 판소리로도 불리던 『춘향전』과 달리 『홍길동전』은 기록된 소설 형태로만 유통되었기에 그렇고, 결론을 미리 살짝 말하자면 춘향을 어떻게든 좋은 신분으로 보고자 한 열망과 달리, 홍길동을 아주 냉정하고 정확하게 보려 한다는 게 『홍길동전』 독자들의 열망이기에 그렇다. 적서 차별의 족쇄에 놓인 약자의 모습이 강조될수록 주제가 선명해지니 말이다.

아무튼 조선시대 사람들은 거의 동일한 내용의 『홍길동전』을 읽었고, 지금 우리도 동일한 작품을 읽고 있다고 봐도 된다. 물론 어린이용 그림책이나 의도적으로 불편한 것들을 편집하고 미화시킨 조악한 책들은 제외하고 그렇다. 사실 제대로 읽지 않아 그렇지 『홍길동전』에는 불편한 게 한둘이 아니다. 연구자들도 이를 모르지 않았다. 그래서 어떻게든 그 불편함을 해소하려 노력했다. 대표적인 게 『홍길동전』 전반부와 후반부의 불일치성 문제다.

홍길동이 적서 차별로 인해 엄청난 고난을 겪었다는 이 야기의 앞부분은 우리 모두 잘 안다. 그런데 이야기 후반을 보면 길동이 왕이 된 뒤 한 명의 처 외에 여러 명의 첩을 둔다. 그게 왜 문제냐고 할 수도 있지만 다른 사람이라면 몰라도 홍길동이 처 외에 여러 첩을 둔다는 것은 아무래도 찜찜하다. 적서 차별의 괴로움을 극복하고 약자들을 돕기 위해 활빈당을 만든 자가 할 수 있는 선택이 아니기 때문이다. 첩을 두면 자연히 자신이 겪은 일처럼 차별의 고통을 겪는 자식이 나올 수밖에 없으니 말이다.

왕이 되었으니 적서 차별을 못하도록 포고령을 내리면 되지 않냐고 나름 그럴듯한 의견을 제시할 수도 있다. 그게 정말 가능한지는 별개의 문제지만 어느 정도 설명은 된다. 사실 전반부와 후반부의 불일치성은 이렇게 단순한 문제가 아니라 작품의 근간을 흔드는 심각한 사안이다.

『홍길동전』의 전반부는 홍길동이 조선에서 활동하는 내용이고 후반부는 바다 건너 해외로 진출해 율도국을 정벌하는 내용이다. '정벌'이라는 말이 뜬금없게 들린다면 아마도 학교에서 '해외 이상국 건설'이라는 순화된 용어로 배우고 외웠기 때문일 것이다. 누구든 작품을 펼쳐 그냥 읽어보면 안다. 홍길동이 해외로 건너가 맨땅에 율도국이라는 나라를 건설한 게 아니라 이미 있던 율도국을 정복해 왕이 되었다는 사실 말이다. 자세한 것은 뒤에서 다루기로 하고, 문제는 지금 놀라는 것처럼 연구자들도 놀랐다는 사실이다.

적서 차별에 신음하던 홍길동이 활빈당을 만들어 탐관오리를 징치하고 백성들을 구해주었는데, 그랬던 선한 영웅 홍길동이 느닷없이 해외로 가 옆 나라를 공격한다는 전개는 쉽게 설명하기 어렵다. 전반부의 홍길동과 후반부의 홍길동은 전혀 다른 사람으로 보일 정도로 매끄럽게 이어지지 않는다고 여긴 이 불일치성 문제가 오랫동안 연구의 난제였다.

사실 해외로 건너간 후반부만이 문제가 아니다. 봉건제의 한계를 지적하고 사회체제를 비판하며 탐관오리를 징치하고 백성을 구휼하던 홍길동이 '느닷없이' 조선을 떠났다는 게 더 문제다. 조선 내부에서의 문제들이 하나도 제대로 해결되지 않았는데 그는 그냥 떠났다. 못된 관리들이야 빈대처럼 잡아도 계속 나오는 것이니 어쩔 수 없다 쳐도, 자신의 한 맺힌 적서 차별 문제라도 해결해야 했다. 하지만 그는 아무런 해결책도 내놓지 않았고, 아무런 해결의 노력도 시도하지 않은 채 그냥 휙 떠난다. 그러고는 율도국을 정벌한다. 이만저만 난감한 게 아니다. 조선에서의 문제도 미봉적인데 해외로 나가 또 다른 문제를 만드는 셈이니 말이다. 대체 홍길동은 왜 그런 것일까?

잘못은 우리가 만들어낸 시선이다

학계에서는 1970년대부터 본격적으로 불일치성에 대한 문제 제기와 함께 연구가 이루어졌다. 많은 논의가 있었고 나름 타당해 보이는 해석이 시도되었다. '봉건제의 폐해를 극복하지 못한 것은 작가 자신이 그 봉건제 안에 있다 보니 지금 같은 민주제를 구상할 수 없었기 때문이다', '주인공의 성격이 성장하면서 조금씩 바뀌어서 그럴 수도 있다', '자신이 뜻을 펴기에는 조선이 너무 좁다고 느껴 해외로 간 것이다', '그냥 작가가 미숙했던 것 아닐까?' 등등 나름 설득력 있는 주장이긴 하지만 찜찜함이 가시지 않았다. 모두 흡족한 설명이 되지 못했다.

많은 연구에도 불구하고 좀처럼 해결하지 못한 이유는 사실 아주 간단하다. 연구자들도 한국인이고 그들도 일반인처럼 '만들어진 홍길동 담론'의 영향에서 자랐기 때문이다. 해답은 단순하게도 『홍길동전』을 바라보는 우리의 시선이 처음부터 잘못되었기 때문이다. 홍길동을 선한 주인공이라는 만들어진 프레임 안에서만 보려 했기에 제대로 볼 수 없었고 모든 게 어긋났던 것이다.

그렇게 강박적으로 보려 했던 이유 역시 간단하다. '영웅 홍길동'으로 보아야만 '최초의 한글 소설'의 위상에 걸맞는다는 자신도 모르는 압박에 젖어 있었기 때문이다. 게다가 '작가가 혁명가 허균'이라는 전제 아래 생각하다 보니 허균의 사상처럼 영웅적 행동을 보여주는 주인공일 거라는 강박까지 더해졌다. 실제 작가가 어떻든 작품 속 주인공은 전혀 다르게 형상화할 수 있다는 지극히 상식적인 사실도 잊었다.

결론을 미리 말하면, 전반부와 후반부의 균열은 없다. 홍길동 자체의 본질적 욕망에 주목한다면 너무나도 분명하게 해석된다. 사실 전반부인 조선에서의 활동과 후반부인 해외 진출 및 율도국 정벌의 분열증적 혼란은 『홍길동전』 작가의 미숙함 때문이 아니라, 오히려 작품을 바라보는 우리들의 미숙함 때문이었다. 전반부나 후반부나 사실 모두 홍길동의 욕망과 관련 있기에 동일하게 문제일 수 있지만, 그때그때 이런저런 설명으로 무마하듯 풀이했다.

전반부에서 적서 차별의 고통을 받는 홍길동을 불쌍히 보고, 활빈당 활동을 의적 행위로 규정하고, 탐관오리를 징치하는 것 등을 긍정적으로 보았다. 맞다. 분명 좋은 일이다. 그러나 동시에 홍길동이 조선 사회를 혼란에 빠뜨렸을 뿐 그 어떤 해결책도 내놓지 않았다는 사실은 애써 무시했다. 사실 적서 차별 문제는 조금도 해결되지 않았지만 홍길동은 단 한 번도 '적서 차별을 철폐해야 한다'고 왕을 비롯한 정치가들에게 말하지도 요구하지도 않았다. 결국 그가 원한 게 병조판서 직위였다는 사실이나, 병조판서에 제수되자마자 조선을 떠나겠다고 왕과 타협한 사실에도 주목하지 않았다. 이상하기 그지없다.

후반부도 마찬가지다. 조선을 떠나 주변 섬과 망탄산 등에서 벌인 활약을 해외 진출로 보고 긍정하면서도, 조금도 바뀌지 않은 조선 현실을 외면한 면에서는 부정적이기도 하기에 이중적인 시각이 혼재되었고, 율도국 정벌도 긍정인지 부정인지 논하기가 난감하다 보니 '이상국 건설' 또는 '해외 진출' 정도로 뭉뚱그렸다. 이렇게 『홍길동전』의 장면과 내용에 따라 그때그때 입장이 바뀌다 보니 하나의 의미로 설명할 수 없었고, 결국 전반부의 의로운 홍길동이 후반부의 조금 기이한 홍길동이 되었다는 식의 시각이 많아지면서 불일치성 운운하는 문제가 도드라진 것이다.

말했듯이 불일치성 문제는 없다. 적서 차별, 활빈당 활동, 탐관오리 징치 등의 전반부 사건들부터 엉뚱하게 읽어 냈기 때문이다. 이제부터 하나씩 살펴보겠지만, 홍길동이 빈민을 구휼하고 탐관오리를 징치하는 등의 의로운 행동을 한 것은 맞지만, 그것은 행동에 따른 결과이지 목표가 아니다. 그런 행동의 본질은 욕망에 따른 자기 과시와 정치적 시위에 있다. 율도국 정벌 역시 그 연장선상이다. 그러므로 전반부와 후반부는 정합성이 떨어지는 게 아니라, 홍길동의 자기 존재 증명과 욕망의 실현이라는 측면에서 볼 때 어긋나기보다 오히려 잘 맞아떨어진다.

홍길동은 영웅으로 탄생했을까

홍길동이 영웅인 이유는 그의 삶이 '영웅의 일생' 구조를 지니고 있기 때문이라고 말한다. 영웅의 일생이란 영웅적인 탁월한 존재가 '신이하게 출생'하고 '어려서 고난'을 겪지만 이를 '극복해 승리'하고 궁극적으로 사회와 국가에 크게 '공을 세우고' 행복하게 사는 위대한 인물의 삶을 말한다.

보통 이런 자는 천상의 선관仙官이거나 별 정도의 존재로, 태어날 때부터 누구든 주목할 만큼 신이하게 출생한다. 꿈에 옥황상제나 부처님이 나타나든지, 명산대천에 제사를 지낸 후 선녀가 나타나 '귀한 아들이 태어날 거예요'라고 하든지, 기가 막힌 태몽을 꾸든지 아무튼 비범한 인물이 탄생할 거라는 징조가 명확하게 나타난다.

이런 영웅의 일생 구조는 신화부터 우리 고소설의 여러 작품에서 반복적으로 나타나는 패턴이고, 그렇게 출생한 자는 누구도 따라올 수 없는 엄청난 능력으로 국가의 어려움을 해결하고 도탄에 빠진 백성을 구하는 등 선하고 긍정적인 일을 한다. 누가 봐도 영웅이다.

보통 홍길동도 이런 영웅의 일생 구조를 가지고 있다고 생각한다. 하지만 홍길동은 영웅의 일생 패턴을 보이지 않는다. 홍길동이 태어날 때 그 아버지가 청룡靑龍 꿈을 꾼 것은 맞다. 아버지 홍 판서가 청룡 꿈을 꾼 후 몸종 춘섬을 통해 홍길동을 낳았다. 그렇게 태어난 그가 신통방통하다 보니 사람들이 홍길동이 영웅의 일생에 걸맞게 태어난 인물이라고 착각했다. 하지만 아니다.

『홍길동전』 이야기의 시작은 이렇다. 조선시대 서울에

사는 지체 높은 홍 판서 영감이 어느 날 낮잠을 잤다. 아마
도 점심을 먹고 깜박깜박 쏟아지는 졸음에 얼핏 잠들었던
게 아닌가 싶다. 그 낮잠에 꿈을 꿨는데 글쎄 그게 장난 아
니게 좋은 길몽이었다. 청룡이 수염을 흔들며 달려들어서
는 칭칭 감는 바람에 깜짝 놀라 깼다. 홍 판서는 엄청난 인
물이 탄생할 태몽이라고 생각해 기쁘기 이를 데 없었다.
그는 서둘러 부인이 있는 안채로 들어갔다.

보통 양반가의 가옥 구조는 안채와 사랑채로 나뉜다.
안채에는 부인을 비롯한 여인들이 기거하고, 남편은 바깥
사랑채에서 기거하며 먹고 자고 공부하고 손님을 접대했
다. 이것이 보통 양반 남자들의 삶으로, 가끔 부인과 동침
할 때 안채로 들어가기도 하지만 대부분은 사랑채에서 지
냈다.

아무튼 기가 막힌 태몽을 꾼 홍 판서는 마음이 급해져서
는 안채로 들어가 부인의 손을 끌어당기며 억지로 관계를
맺고자 했다. 느닷없는 행동에 부인이 소스라치게 놀랐다.
벌건 대낮에 이게 대체 무슨 짓이란 말인가.

"대감은 지체가 높으시고 체통이 있으신데 대체 이게
무슨 짓입니까? 하물며 백주대낮에 몸종들이 언제 볼

지도 모르는데, 나이 어린 경박한 것들이나 하는 비루한 짓을 하시려 하다니요. 저는 도무지 따르지 못하겠습니다."

—『홍길동전』김동욱 89장본

그러면서 손을 떨치고는 방을 나가버렸다. 부인의 말과 행동은 어느 하나 틀린 게 없었다. 하지만 홍 판서는 태몽에 대해 말할 수 없었다. 입 밖으로 누설하는 순간 꿈의 효험이 사라져버릴까 봐 겁이 났기 때문이다. 그는 분기를 가라앉히지 못하고 씩씩거리며 다시 사랑방으로 나와 탄식했다. 그때 몸종인 춘섬이 차를 내왔다. 가만히 보니 그 여종이 꽤 괜찮아 보이기도 했다. 그래서 그녀를 옆방으로 끌고 들어가 관계를 맺었다.

이 일로 열여덟 살인 여종이 임신해 아들을 낳았다. 청룡 꿈이 정말 영험했는지 이 아이는 어려서부터 기골이 장대하고 인물도 기가 막힌 게 영웅호걸의 기상이 있었다. 홍 판서는 한편으로는 기뻤지만 한편으로는 처인 부인에게서 아이를 낳지 못하고 여종에게서 낳게 된 것을 한탄했다. '한 집안의 부인이란 자가 도무지 생각이 없으니…' 홍 판서는 부인의 지혜가 부족해 모든 일이 벌어진 거라며 부인 탓을 했다. 귀한 아들이 천한 여종의 몸에서 태어나 차별받을 수밖에 없는 서자가 되었으니 말이다.

하지만 이 모든 것은 핑계이자 자기 욕망을 숨기려는 야비한 술수다. 홍 판서는 어마어마한 인물이었다. 대대로 문벌 좋은 명문가 집안에서 태어나 어릴 적 과거에 급제한 뒤 승진에 승진을 거듭해 벼슬이 고위직이었다. 게다가 아들도 잘 둬서 본부인에게서 태어난 길동의 형 인현은 벌써 급제해 조정의 인사권을 쥐고 있는 이조좌랑吏曹佐郎이었다. 그야말로 홍 판서는 명망이 으뜸인 명문가의 총수로 온 나라를 진동시키는 인물이었다.

이런 대단한 분이 어느 날 낮잠을 잔 것이다. 지체 있고 유교적 도의에 충실한 분이니 대놓고 낮잠을 잔 것은 아닐 것이다. 봄날의 피곤함에 얼핏 졸았을 공산이 크다. 인간의 어쩔 수 없는 '본능'이니 말이다. 문제는 낮잠이 아니라 그다음이다. 그는 '성욕'이 달아올랐던 것이다. 수면욕이나 성욕은 인간의 본능이지만 '인간답다'는 것은 때와 장소를 가릴 줄 아는 것에 달린 일이다. 지금은 말할 것도 없고 유교적 예법에 둘러싸여 사는 조선시대는 더더욱 그랬다. 그런데 홍 판서는 자신의 성욕을 제대로 조절하지 못했다. 그것이 이 모든 문제의 본질이다.

뜬금없는 성욕 이야기로 들릴지 모르지만 홍 판서의 '청룡 꿈 타령'은 욕정을 감춘 핑계일 뿐이다. 부인이 홍 판서의 손길을 뿌리치며 한 말에 그 의도가 분명하게 담겨 있다. '시도 때도 없이 발정 난 것처럼 들이대는 경박한 나이 어린 자들이나 할 짓'이라는 지적은 명확하게 핵심을 찌르고 있다. 벌건 대낮에 해괴망측한 짓이라는 뜻이다.

한번 곰곰이 따져보자. 일단 청룡 꿈이 상서로운 엄청난 꿈이 맞다 치고, 그 꿈 이야기를 발설하면 효험이 사라질 수 있으니 부인에게 말하지 않은 것도 나름 타당하다 치자. 하지만 핵심은 당장 이를 해결(?)하려 했다는 점이다. 꼭 그 벌건 대낮에 동침해야만 꿈이 효험이 있는 것일까? 꿈의 효험에는 일정한 시효가 있는 것일까? 고작 몇 시간 만에 사라지는 효험이라면 그게 정말 상서로운 꿈일까? 본질은 간단하다. 홍 판서가 정말 청룡 꿈을 대단한 태몽이라고 생각했다면 그 꿈을 마음에 품고 그날 밤에 부인과 동침하면 되는 것이었다. 부인의 거부는 체통도 없이 벌건 대낮에 밑도 끝도 없이 들이닥쳐 강제로 범하려는 것 때문이었지 근본적 동침 거부는 아니었으니 말이다.

결국 분출할 길 없는 성욕은 엉뚱한 곳을 향해 폭발했고, 가장 만만한 약자인 여종이 그것을 고스란히 받고 말았다. 강제로 추행했다는 문제보다 더 큰 문제는 홍 판서가 이미 이런 행위를 통해 태어날 인물이 적자가 아닌 서자라는 것을 알면서도 그렇게 했다는 점이다. 그렇게 홍 판서 스스로 적서 차별의 굴레를 만들어놓고도 '부인이 답답해서 원…'이라며 남 탓을 했다. 비겁하고 찌질하기 이를 데 없다.

낮잠 자다 갑자기 뻗쳐오르는 성욕 때문이었다는 것은 춘섬과 동침 이후의 행동에도 적나라하게 드러난다. 노파심에 말하자면, 원본에 가장 가까운 '김동욱 89장본'에만 이런 구절이 있는 게 아니라 『홍길동전』 모든 이본에 다 이렇게 서술되어 있다. 아무 이본이나 펼쳐 보시라. 분명하게 다 적혀 있지만 그냥 보지 못했을 뿐이다. 영웅인 홍길동의 탄생을 어떻게든 좋게 보려고 우리도 모르는 사이에 한쪽 눈을 심짓 감고 있었기 때문이다.

홍 판서가 생각지도 못한 때에 위압으로 정을 베푸니 춘섬이 감히 항거치 못하여 드디어 몸을 허락한 후에, 그날부터 문밖에 나가지 아니하고 다른 남자를 취할 뜻을 보이지 않으니, 공이 기특히 여겨 그녀를 첩으로 삼았다.

—『홍길동전』 김동욱 89장본

홍 판서가 정말 태몽의 계시처럼 훌륭한 아이를 낳고 싶은 생각이 컸다면 부인에게 거절당하고 하는 수 없이 춘섬과 관계를 맺고 난 뒤의 행동이 달랐어야 했다. 정말로 홍 판서가 훌륭한 인물로 태어날 아이에 대한 기대가 컸다면 당장 춘섬을 첩으로 들어앉혀 살뜰히 살폈을 것이다. 하지만 홍 판서는 그렇지 않았다. 오히려 춘섬이 홍 판서와 관계를 가진 후 스스로 몸을 조심하고 밖으로 나다니지 않으며 사람들과도 말을 함부로 하지 않고 몸을 조심하니 그제야 홍 판서가 춘섬을 첩으로 삼았다고 쓰여 있다.

만약 일을 치른 후 춘섬이 여기저기 바깥출입을 하며 이런저런 남자 종들과 말을 섞고 다녔다면 홍 판서가 춘섬을 첩으로 삼았을까? 당연히 아니다. 춘섬이 마치 임금님의 성은을 입은 궁녀처럼 행동하기에 어쩔 수 없이 첩으로 삼은 것이다. 이는 너무나도 명백한 한 가지를 말해준다. 홍 판서는 그 일(?)을 치르려고 할 당시 용꿈 같은 것은 개나 줘버렸다는 점이다. 용꿈은 태몽이고 상서로운 내용이니 엄청난 아들이 태어날 게 분명하다고 철석같이 믿었다면 어떻게 해서든 춘섬을 달래 조신하게 행동하라고 당부했을 것이다. 하지만 홍 판서는 그렇게 하지 않았다.

이유는 단순하고 분명하다. 모든 게 단지 성욕에서 비롯

되었기 때문이다. 그 외는 핑계일 뿐이다. 홍 판서의 행동은 정욕의 분출이었고 그 방식은 강간의 상황이었다. 길동의 어머니 춘섬은 원치 않은 아이를 임신했던 것이다. 길동은 '홍'길동이 아니라 어느 씨인지도 모를 사생아로 태어날 신세였다.

사실 조선시대에 이런 일은 너무 흔했고 이런 경우 춘섬같은 여종을 다른 남종과 결혼시켰다. 그것이 일반적이었지만, 춘섬은 조신하게 지내는 방법으로 그것을 거부했다. 그래서 어떻게든 길동을 서자가 되도록 만들었다. 그것이 그녀가 할 수 있는 최선의 방법이자 제 자식을 위한 혼신의 몸부림이었다. 대감의 첩이 되어 편하게 살기 위해서만이 아니라, 자신은 천해도 태어난 자식만은 신분의 굴레에서 벗어나 양반이 되게 하려는 선택이었다. 비록 반쪽짜리 양반이긴 하지만 말이다.

어머니 춘섬이 그런 선택을 하지 않았다면, 그래서 홍판서가 춘섬을 다른 곳으로 보냈다면 길동의 운명은 어떻게 되었을까? 길동은 아버지가 누구인지도 모르는 사생아로 태어날 위험에 처하는 것이다. 과연 이런 탄생이 '신이하고 고귀한 탄생'인가?

홍길동의 탄생은 영웅의 탄생이 아니다. 본래부터 고귀

한 신분의 천상계나 신선계의 엄청난 인물이 보통의 인간과 달리 신기하게 태어나는 영웅의 탄생과는 멀어도 너무 멀다. 그의 탄생은 봉건제 아래에서 벌어진 폭력에 의한 우연이다. 사생아가 아닌 '서자라도' 된 것은 모두 어머니 춘섬의 노력 덕분이었다.

냉정하게 따지자면 이런 길동의 탄생은 아버지 홍 판서도 바라지 않았고 어머니 춘섬도 의도한 게 아니었다. 이런 우연적 탄생으로 길동은 누구도 바라지 않는 상태에서 태어났다. 이것이 『홍길동전』의 핵심이자 당대 민중들이 이 이야기에 깊이 몰입했던 이유다.

3

자기 존재에 대한
자각과 욕망의 실현

홍길동은 왜 가출했는가

1970~80년대에는 가출하는 청소년들이 지금보다 많았다. 지금과 비슷한 문제 외에도 먹고사는 게 급급해 더 그랬다. 너무나도 가난해서 먹고살 길이 막막하다 보니 '뭘 해도 집보다는 낫겠지'라는 생각으로 집을 떠났는, 가출해본 사람은 알겠지만 무작정 집을 등지고 나가는 것은 단순히 막막하다는 말로 표현할 수 없는 엄청난 무거움이 따른다. 모든 게 불안하고 모든 게 문제다.

어리석은 소리 같지만 요즘 가출이 예전보다 줄어든 이

유는 '뭘 해도 집이 더 낫다'는 생각이 있기 때문이다. 괴롭고 힘들어도 참고 버티는 게 뛰쳐나가 사는 것보다 낫다는 현실적 판단은 지금만 그런 게 아니라 소설 속 홍길동도 그랬을 것이다. 비록 반쪽짜리지만 자신은 일을 안 해도 되는 번듯한 양반이다. 게다가 명문가 집안이니 먹고사는 문제는 눈곱만큼도 걱정할 필요가 없었다.

그런데 홍길동이 가출을 한다? 황당한 선택이다. 그 당시 집 밖은 지금처럼 며칠 묵을 찜질방이 있거나 PC방이 있는 것도 아니니 당장 잘 곳도 없다. 게다가 먹고살려면 일이 필요한데, 어떻게든 아르바이트 자리를 구할 수 있는 시대도 아니다. 일자리를 구한다는 것은 거의 불가능에 가깝다. 농사지을 땅도 없고 장사할 돈도 없다. 정확히는 땅을 개간하는 동안은 그냥 굶어야 하고, 장사를 하려 해도 무슨 밑천으로 뭘 어떻게 팔 것인가.

홍길동이 "소인은 호부호형呼父呼兄을 하지 못하는 것이 한스러워 이만 하직하고자 하옵니다"라고 말했지만 그것은 그냥 하는 말이다. 서자라 아버지를 '아버지'라 못 부르고 형을 '형'이라 못 부르면 어떤가. 자신을 늘 '소인'이라 낮춰 부르면 또 어떤가. 그냥 그대로 집안에 눌러앉아 있었다면 이런저런 냉대와 멸시, 차별을 받기는 했겠지만 그래도 그럭저럭 살 수 있었다. 그것을 모를 리 없는 똑똑한 홍길동이 가출한 것은 목숨이 위태롭기 때문이었다. 가출은 어쩔 수 없는 선택이었다.

아버지 홍 판서에게는 이미 곡산 기생 출신의 초란이라는 첩이 있었다. 아버지는 초란을 총애했다. 그런데 같은 천첩賤妾이었지만 초란은 기생 출신이라 여종 출신인 춘섬보다 신분에서 좀 밀렸다. 초란은 늘 그게 고까웠다. 춘섬이 종년 주제에 대감에게 꼬리를 쳐 첩이 되었다고 생각하니 밉지 않을 수 없었다. 게다가 춘섬이 덜컥 아들을 낳은 것이다. 소생이 없던 초란은 그야말로 춘섬을 향한 질투가 폭발했다.

자신이 아무리 총애를 받고 있어도 춘섬에게 아들이 있다는 이유로 늘 불안했던 초란은 길동을 목표로 삼았다. 초란이 술수를 부렸다. 무당과 관상쟁이 여자를 매수해 홍 판서를 비롯한 집안사람들의 관상을 보게 했다. 미리 사람들의 속사정을 속속들이 다 알려준 터라 관상쟁이의 말은 백발백중이었다.

그녀의 영험함은 홍길동의 관상을 보는 데서 절정에 달했다. "영웅의 기상이 있습니다." 좋은 말이지만 결코 좋은 말이 아니었다. 길동이 영웅이 된다면 곤란한 일이었다. 관직에 나갈 수 없는 서자가 어떻게 영웅이 된단 말인가. 그래도 영웅이 된다면 그건 역적뿐이었다. 이로 인해 홍 판서는 걱정이 심해져 몸져누웠다.

계획대로 일이 진행되자 초란은 이번에는 홍 판서의 부인과 집안을 이을 장자 인현을 공략했다. "길동을 없애는 것이 좋겠습니다. 제가 수단을 간구하겠습니다." 부인과 인현은 차마 살인할 수는 없었지만, 대감이 아프기까지 하자 어쩔 수 없이 결단을 내렸다. 부인과 가문의 계승자인 맏아들 인현의 허락을 받은 초란은 자객 특재를 시켜 길동을 죽이도록 한다.

그러나 우리가 익히 알다시피, 길동은 자객을 죽이고 위기를 모면한다. 길동이 바보는 아니었다. 그는 초란이 자신을 눈엣가시처럼 여긴다는 것을 모르지 않았다. 살인을 획책했다는 것에 놀라긴 했어도 경악할 정도는 아니었다. 그런데 죽음을 당하기 전에 자객이 했던 말이 그를 뒤흔들어 놓았다.

"네 아버지와 형의 명을 받아 네 방에 들어와 너를 해하려는 것이다."

—『홍길동전』 김동욱 89장본

자객의 말과 관상쟁이의 진술을 통해 알게 된 사실은 충격이었다. 초란이 먼저 획책하고 발호한 것이지만 살해 결정이 대감의 묵인과 인현으로 표상되는 가문의 판단이었다는 것은 언젠가 기회가 되면 또다시 이런 일이 벌어질 거라는 뜻이었다. 이는 심각한 문제였다. 길동은 자기 처지가 단순히 반쪽짜리 양반이라는 어설픈 존재 정도가 아니라, 언제든지 쉽게 타자화되어 배척되고 희생될 수 있는 아무것도 아닌 존재임을 명확하게 깨달은 것이다.

게다가 정당방위이기는 하나 자신은 지금 살인을 저질렀다. 제대로라면 정상 참작을 받을 것이다. 죽은 자는 자객이고 자신은 재상가 아들이니 말이다. 하지만 일이 그렇게 풀릴 리 없다는 것을 깨달았다. 모두 한통속이 되어 어떻게든 자신을 없애고 싶어 한다는 것을 명백히 확인한 셈이었다. 그들에게는 자신의 존재 자체가 커다란 걸림돌이었다.

지금까지 살아왔어도 이 집은 자기 집이 아니었던 것이다. 내 집이라 생각했지만 이 집 어디에도 자기가 의지할 곳은 없었고, 이 집 누구도 자신을 원치 않았다. 누구도 원치 않은 출생이었고 누구도 바라지 않는 능력을 지니고 태어났기에 집은 그런 자신이 있을 곳이 아니었다. 결국 그는 그 밤으로 집을 떠났다.

홍길동이 가출한 이유가 적서 차별의 고통 때문인 것은 맞다. 하지만 어머니 춘섬이 "양반가의 천한 출생이 너뿐이 아닌데 너는 대체 어디로 떠난다고 이러느냐?"고 만류한 말처럼 단순히 그런 거창한 담론의 차별 때문이 아니다. 그의 가출은 목숨을 구하기 위한 절박한 도피였지, 호부호형을 못하는 적서 차별에 대한 신분의 불만 같은 배부르고 사치스러운 이유가 아니었다.

자기 존재 증명으로서의 활빈당

집을 떠난 홍길동의 마음속에는 울분이 꿈틀거렸다. 그는 어떻게든 스스로 자신을 증명하기로 마음먹었다. 자신이 비록 아무도 원치 않는 존재로 태어났지만 그 누구보다 이 세상이 원하는 사람이 되기로 했다. 그렇게 그는 차근차근 정치가로서 자신의 존재를 증명한다.

'홍길동이 정치를 했다고?'라며 의아해하는 분들이 있을 것이다. 그렇다. 그는 나라를 다스리는 정치가가 되는 욕망을 품었다. 물론 정상적인 양반이라면 과거나 음서제도를 통해 관료로 진출하겠지만, 그렇지 못한 처지인 홍길동은 다른 방식을 통해 그 목적을 달성하고자 했다. 그것은 바로 무력과 도발을 바탕으로 한 정치적 시위를 통해 진출하는 방법이었다.

그는 먼저 도적들을 규합해 '세력화'하고, 활빈당活貧黨이라는 명칭으로 '대의명분을 표명'한 후, 명분에 따라 구체적으로 '실행'했다. 해인사와 함경감영을 습격하는 것을 필두로 조선팔도를 돌아다니며 활동했고, 이를 통해 백성들의 지지를 획득했다. 그런데 홍길동이 도적들을 규합하는 방식은 사람의 도리나 옳고 그름으로 깨우치는 게 아니라 '백마를 잡아 함께 피를 마시며 맹세하는' 조폭 같은 방법이었다. 사실 그는 군대를 조직했다. 그가 활빈당을 모아놓고 한 말을 보면 딱 그렇다.

> "지금부터 힘을 합해 물불을 가리지 말고 생사를 같이하며 죽기를 각오해라. 만약 배반하고 명을 따르지 않으면 군법軍法으로 다스리겠다."
>
> ─『홍길동전』김동욱 89장본

그는 이후에도 수없이 군법을 강조했다. 그는 도적이 된

유랑민을 '백성'으로 보기보다는 특정 목적을 향한 '군사' 처럼 여기고 이를 조직해 훈련하고 양성했으며, 이후 이런 경향은 율도국 정벌로까지 이어진다. 아무튼 길동의 활약은 단순한 백성 구제나 먹고살기 위한 피치 못할 노략질 정도의 수준이 아니라, 조직적이고 구체적이며 분명한 목표 의식을 지닌 행보였다.

그는 자신의 존재 자체를 냉정하게 바라보고 깨달았다. 서자로서의 운명을 거부하고 능력 있고 힘이 있는 사람이 되어 자신의 존재를 인정받을 수 있는 길을 택했다. 탐관오리를 징치하고 가난한 백성들을 도움으로써 자신이 얼마나 정치가로서의 뛰어난 능력을 가지고 있는지 보여주었다.

홍길동의 이런 행보는 단순한 빈민 구제나 제도 개혁이 아니었다. 서자라고 무시하고 그냥 죽여버려도 된다고 생각한 사람들에게 보내는 당찬 메시지이며 자기 존재를 인정하라는 일종의 선포였다. 그 메시지가 긍정적이었고, 그가 표방한 활빈당이라는 캐치프레이즈와 의적이 되어 백성을 구휼하고 탐관오리를 징치하는 사회 개혁적 모습이 긍정적으로 비춰졌기에, 폭력조직과 같은 맹세 의식이나 사사로운 목적의 군대를 조직해 사회 혼란을 야기하는 행태들을 가볍게 보아 넘긴 것이다.

그러나 활빈당으로 대표되는 홍길동의 활동은 근본적으로 정치적 시위였고, 그 목표는 자신의 욕망 실현이었다. 그의 활동으로 빈민들이 구제되었고 조금 나은 세상이 된 것은 사실이지만 그것이 홍길동의 목적은 아니었다. 냉정히 말해 그들의 삶에 깊이 공감해 그들을 도운 게 아니라, '저렇게 도탄에 빠진 백성들을 제대로 구하지 못하는 무능한 당신네 양반들보다 내가 더 잘할 수 있어'라는 외침으로서의 방편이었다.

홍길동의 원대한 포부에는 백성을 위한 최종 목표가 들어 있지 않았다. 그가 조정과 왕에게 요구한 것도 근본적인 제도 개혁이 아니었다. 그렇기에 그는 제 욕망이 성취되자 더 이상 백성들의 현실을 외면한 채 뒤도 돌아보지 않고 해외로 떠나버린 것이다. 그의 목표는 분명했다. 그는 병조판서를 요구했다.

사대문에 방을 붙였는데, '저 홍길동의 평생 한을 풀 길이 없사오니, 비옵기는 임금님께서 천한 저에게 병조판서 임명장을 내려주신다면 제가 스스로 잡히겠습니다.'

—『홍길동전』 김동욱 89장본

그가 백성을 위해 기치를 든 것은 분명하고, 또 그렇게 활동했다. 하지만 그 바탕에는 자신의 욕망이 놓여 있었다. 서자로 차별받는 존재지만 누구보다 능력이 출중하다는 것을 시위를 통해 증명하는 것이었고, 그게 '병조판서'로 이어진 인정욕구였다. 그는 자신의 목표가 이루어질 때까지 끈질기게 거듭 요구했다. 한번 해서 안 되면 또다시 더 큰 사건을 벌여 요구하고, 그래도 안 되면 더 큰 사건을 터뜨린 후 다시 요구했다.

> "소인이 조선팔도를 다니며 탐관오리들과 불의한 짓을 한 자들을 선참후계하였사오니, 임금께서는 저의 죄를 사하시고 병조판서를 제수해주옵소서."
>
> —『홍길동전』김동욱 89장본

'먼저 죽이고 나중에 보고한다'는 선참후계先斬後啓는 전쟁에 나선 대장군에게나 허용된 일이다. 그렇게 왕이 '선참후계하라'고 하는 이유는 전쟁이라는 촌각을 다투는 긴박한 상황에서 빠른 결정이 필요하기 때문이다. 그런데 홍길동은 대장군도 아니고 지금은 전쟁 상황도 아니며, 무엇보다 그는 그런 일을 하라고 명령받은 적도 없으니 반란이나 다름없다. 그러니 홍길동의 말에 담긴 뜻을 풀이하면 이렇다. '너희들이 못하는 일을 내가 했어. 물론 난 명령받은 적은 없지. 하지만 이미 했으니 선참후계하는 것처럼 임금 당신도 처리하면 돼. 그러니 날 병조판서를 시켜. 그렇게 원래 병조판서가 해야 할 일을 시간상 먼저 한 거라고 생각하면 되잖아. 안 그래?'

이렇게 '활빈당'이라는 명칭을 표방하며 조선팔도를 다니며 의적이 되어 백성을 구휼하고 탐관오리를 징치하는 행동의 근본은 기실 기득권 세력을 향한 정치적 시위였다. 말했듯이 빈민들이 구제되었고 조금 나은 세상이 된 것도 사실이지만, 홍길동이 요구한 것은 근본적인 제도 개혁이 아니었다. 그의 목적은 분명했다. 가출할 때 품은 마음, 아니 가출하기 전부터 품은 마음이 이것이었다. 활빈당을 만든 목적도 탐관오리를 징치한 것도 모두 이것이었다. 사실 그가 활빈당을 이끌고 한 모든 일은 실제로 병조판서와 같이 국가의 녹을 먹는 관리가 했어야 하는 일들이었다. 그런 일련의 탁월한 행동을 통해 '누구보다 더 자신이 병조판서답다는 것을 스스로 증명'해낸 것이다.

그렇다고 홍길동이 무모한 응석받이 이상주의자는 아니었다. 국가 전체의 체재를 뒤흔든 도적이, 그것도 근본도 한심한 서자 주제에 국정을 마비시킨 정치적 시위와 협박으로 병조판서가 된다면, 그야말로 나라 기강이 결딴날 것이다. 그것을 모르지 않았다. 그래서 홍길동은 이런 말을 덧붙였다.

> "이렇게 소인의 한을 풀어주신다면 신이 즉시 조선 경계를 떠나 임금님의 근심은 물론이고 아버지와 형님에게도 근심을 끼치지 않겠나이다."
>
> —『홍길동전』김동욱 89장본

홍길동의 욕망은 간단하고 분명했다. '나를 인정해 달라', '서자이지만 능력 있는 나를 인정해 달라'는 것이었다. 그리고 이 모든 것을 활빈당을 통해 분명하게 증명해 보였다. 포도대장도 못 잡았고 군대가 달려들어도 이겨낸 홍길동의 행동은 그야말로 묵직한 시위였다. 결국 그는 인정받게 되고, 왕은 그에게 병조판서를 제수한다. 그러자 홍길동은 약속대로 조선을 떠나고, 그렇게 걷잡을 수 없던 혼란이 막을 내린다.

그렇게 아무도 원치 않는 출생을 한 일개 아이가 자신의 능력으로 도적에서 병조판서까지 올라서며 스스로 자신을 증명해냈다. 하지만 그것으로 끝이 아니었다. 조선은 평안해졌지만 세상은 더 피곤해졌다. 어찌 보면 집안의 작은 문제가 사회문제가 되더니만 사회문제가 국가문제가 되었다가 이젠 국제 사회 전체의 문제가 되어버렸다. 전쟁이 난 것이다.

홍길동은 정치가이자 정복자였다

홍길동이 조선을 떠나 해외로 간 이유는 무엇이었을까? 물론 병조판서를 받으면 떠나기로 약속했기 때문이다. 하지만 이는 조금 슬프기도 하고 조금 안타깝기도 한 냉정한 진실을 담고 있다. 그는 처음부터 조선에서 자신이 받아들여질 수 없다는 것을 알았기에 떠나기로 계획했다. 이렇게 훌륭한 인재가 조국에 받아들여지지 않아 해외로 떠날 수밖에 없는 현실이 정말 아쉽고 딱하다.

그러나 동시에 홍길동은 처음부터 조선에 존재했던 내적 문제들을 해결하겠다는 의지로 병조판서를 요구한 게 아니란 사실이 분명해졌다. 실제로 병조판서가 되자 그는 나라의 어려운 문제를 해결하기 위해 혹은 빈민들을 구제하는 데 힘쓰기보다 자신이 그런 위치에 올랐다는 것에 만족하고는 훌쩍 떠나버리니 말이다. 참 야박한 행동이다. 그리고 그는 율도국을 정벌한다.

혹시 홍길동이 어쩔 수 없어서 율도국을 정벌한 것은 아닐까 하는 생각이 들지도 모르겠다. 이를테면 율도국의 왕이 잔인한 폭군이라거나 율도국이 내전처럼 힘든 상황이라 어쩔 수 없이 도와주다가 떠밀려 왕이 되는 것처럼 말이다. 하지만 모두 아니다. 상황은 정반대였다. 율도국은 태평성대를 누리던 나라였다. 오랫동안 갈등 없이 잘 먹고 잘 살고 있다 보니 심지어 전쟁하는 법도 몰라 고스란히 당할 수밖에 없었다. 물론 왕 역시 백성들을 잘 다스리는 선한 왕이었다.

모든 것은 홍길동의 욕망 때문이었다. 그는 자신의 큰 뜻을 펼칠 곳을 물색했는데 그때 율도국이라는 섬나라가 눈에 들어온 것일 뿐이다. 그는 자신이 데려간 활빈당 무리들을 더욱 강력한 군대로 훈련시켰다.

길동이 큰 뜻을 두고 부하들을 날이면 날마다 훈련시키니 무예가 정숙해졌다. 군마軍馬가 10만이요 보병步兵이 10만이었다. 하루는 길동이 여러 장수들을 모아놓고 말했다.

"우리가 이제 천하를 횡행해도 대적할 자가 없을 것이다. 내가 들으니 율도국은 부유하고 나라의 형세가 대국大國이나 다름이 없다고 한다. 여러 장수들의 뜻은 어떠하냐?"

—『홍길동전』 김동욱 89장본

율도국 정벌은 어린아이 손에 쥔 과자를 뺏는 것보다 쉬웠다. '대대손손 태평성대가 이어져 전쟁이라곤 해본 적도 없던 평화로운 나라'는 불세출의 영웅 홍길동의 상대가 될 수 없었다. 결국 율도국 왕은 목이 잘려 죽고 홍길동이 왕위에 오른다.

이제 알아차렸을 것이다. 오랫동안 연구자들이 난감했던 이유를 말이다. 일반인들은 원전을 읽어본 적이 없으니 이 당혹감을 알 수 없다. 읽어본 적도 없고 들어본 적도 없는 황당함에 혹시 몇몇 이본들만 이런 내용일 거라고 생각할지도 모르겠다. 하지만 현존하는 허다한 『홍길동전』이본 모두 다 이렇게 되어 있다. 난감함에 원전 내용을 제멋대로 훼손시켜 율도 왕을 흉악무도하게 덧칠한 후대 이본이 딱 하나 있을 뿐인데, 그렇게라도 덮고 싶은 마음이 이

부분을 대충 얼버무리거나 미화시켜 만든 현대 번역본에 까지 이어지고 있다. 분명한 것은 조선시대 사람들은 홍길 동이 율도국을 정복했다고 명확하게 알고 있었다는 사실 이다.

대체 왜 홍길동은 이런 행동을 벌였을까? 대체 그는 왜 활빈당을 만들고 율도국을 정벌했을까? 단순한 한풀이였 을까? 세상이 나를 인정하지 않으니 세상을 향해 분노를 표출하겠다는 것이었을까? 답은 욕망이다. 홍길동은 자신 의 능력을 보여주고 싶은 욕망이 있었다. 서자로 차별받던 자신이 어디까지 할 수 있는지 조선 사회에 똑똑히 보여주 고 싶었던 것이다.

그는 보란 듯이 도적에서 병조판서가 되었고, 병조판서 에서 더 나아가 왕이 되었다. 그러면서 자신이 비록 서자 이지만 적자인 형을 모든 면에서 압도했다. 형은 경상도 관찰사였지만 그는 더 높은 병조판서였고, 형이 아버지의 선산을 지켜야 했지만 자신이 아버지의 선영을 율도국으 로 옮겨 호화롭게 모셨다. 개인적 벼슬로 보나 가문의 주 도권으로 보나 서자 길동이 더 나았다. 더욱이 형은 고작 조선의 관리이지만 그는 왕으로서 아버지 홍 판서를 '현덕 왕'이라 추증해 높이기까지 했으니 더할 나위 없이 가문을 빛낸 것이다.

그가 어려서부터 늘 마음에 품고 있던 '출장입상出將入相하겠다'는 꿈과 '왕후장상의 씨가 따로 정해져 있지 않다'는 야심찬 포부를 다 이룬 것이다. 아무도 원치 않는 약자로 태어났지만 길동은 욕망과 꿈이 있었다. 그 욕망에 아버지는 회초리로 때렸고 형은 눈을 부릅떴다. 집안에선 살인 모의가 일어났고 결국 내쳐지고 말았다. 그러자 그는 제 방식대로 자신을 증명하려 했다.

결국 그가 택한 방법은 도적이었고 정치적 시위였고 무력행사였다. 그 궁극적 모습은 침략과 전쟁이었다. 백성들 편을 든다고 했지만 조선 백성을 버리고 떠났고 엉뚱한 곳의 행복한 백성들을 크게 불행하게 만들었다. 자신이 억울하고 답답했던 것만큼이나 또 다른 백성들이 억울하고 답답하게 그냥 당하고 말았다는 것을 그는 몰랐다. 바로 자기 자신 때문에 힘들고 괴로운 일이 생길 거라고는 꿈에도 생각하지 못했다. 그는 너무 멀리 갔다. 참 비참하고 민망한 일이다.

만약 홍길동이 이렇게 보여준 정치적 능력과 정복자로서의 능력을 지니고 조선을 개혁하고 바꾸려 했다면 결과는 달라졌을 것이다. 그러나 당대 사회의 기득권은 그를 용납하고 받아들일 수 없었고, 길동 역시 그 점을 잘 알았다. 그가 왕과 조선 사회에 요구한 것은 '적서 차별의 철폐'도 아니고, '탐관오리 근절을 위한 근본적 대책'도 아니며, '민생 안정을 위한 수습책'도 아니었다. 그 이유는 자신이 그 사회에 받아들여질 수 없다는 것을 알았기 때문이다. 어떻게든 조선 안에 자리를 차지하고 능력을 발휘할 가능성과 기회가 없다는 것을 확인한 홍길동은 그의 욕망을 따라 조선을 넘어 외국으로 나갔고 결국 율도국을 정벌해 왕이 된 것이다.

『홍길동전』의 전반부와 후반부의 정합성은 분명하다. 홍길동이라는 주인공이 자신의 욕망을 어떻게 실현하는지를 보여주는 이야기이기 때문이다. 이런 본질적 욕망에 주목하기보다는 욕망의 결과가 빚어낸 시대 비판과 체제 개혁 같은 주변적 가치에 초점을 맞췄기에 어긋나 보였던 것이다. 『홍길동전』은 홍길동의 정치 실현과 정복 과정을 통해 자기 존재를 증명하는 욕망의 이야기다.

부질없는 소리이긴 하지만 한 가지 상상을 해보자. 만약 홍길동이 적자로 태어났다면 어떻게 되었을까? 그의 능력으로 미루어 보면 관직에 올라 그야말로 큰 인물이 되었을 것이다. 조선 안의 탐관오리들을 척결하고 정치를 바로 세우고 체제를 개혁하는 출중한 영웅이 되었을 것이다. 하지만 그렇지 못했다. 그의 출생이 아무도 원치 않는 것이었기 때문이다. 참 안타깝고 불행한 일이다.

4

『홍길동전』을 둘러싼
불편한 시선과 희망

불편한 시선과 왜곡

최근 들어 가장 많이 받는 질문 중 하나가 '고전의 가치'
다. 그때마다 혼신의 힘을 실어 대답한다. "고전은 진실을
담고 있기에 가치가 있습니다." 지극히 당연하기에 식상할
정도다. 가끔 질문한 분이 살짝 실망스러워할 때도 있기에,
조금 더 부연해 답한다. "고전이 담고 있는 진실은 절대로
덮을 수 없습니다." 답은 간단하지만 납득시키기는 어렵다.
'그래서 대체 어쩌란 말인가'라는 반응으로 번지기도 한다.

그래서 다시 시도한다. "현재를 사는 우리는 우리 생각,

우리 입장에서 고전이 담고 있는 진실을 외면하기도 하고 덮기도 하고 때론 왜곡하기도 합니다." 이쯤 되면 뜬금없다는 표정이나 심드렁한 눈빛을 직면하게 된다. 그러면 다급해서 말이 더 길어진다. "시대가 변하고 상황이 변해도 고전이 지닌 진실은 그대로 있습니다. 그것은 우리가 맘대로 고쳐보고 싶어도 변하지 않습니다." 본래 물었던 질문에서 점점 더 멀어지는 느낌을 받는 표정이 역력하다. 이쯤 되면 난감해진다. 제대로 이해시키려면 구체적인 예를 들며 한참 설명해야 한다. 그래서 대개는 이쯤에서 그치지만, 때때로 시간이 괜찮고 대상이 충분히 상식적인 분들이라면 이야기를 풀어놓는다. 바로 『홍길동전』을 둘러싼 불편한 시선에 대한 이야기다.

사실 『홍길동전』은 필요에 따라 만들어진 '허균의 최초한글 소설'이라는 담론만 없었다면, 내용이 지니고 있는 난감함과 불편함 때문에 곤란할 일은 없다. 홍길동 욕망의 행적을 두고, '그냥 그런가 보다' 하고 넘어가면 그만이기 때문이다. 사실 이보다 더 황당한 내용과 우리 윤리에 거슬리는 내용을 지닌 소설은 아주 많다. 이 정도는 그래도 상당히 괜찮은 수준의 작품이라 할 만하다.

하지만 『홍길동전』을 호출해낸 외부 시선에 따라 내부

내용까지 규정해야 하다 보니 난감해졌고, 핵심을 알 수 없게 복잡해졌다. 『홍길동전』을 당대 민중들이 바라보던 그대로 보지 못하게 되어버렸다. 분명한 것은 『홍길동전』은 엄청나게 폭발적으로 흥행한 작품이며, 그것은 모두의 마음과 공명한 그 무엇이 있었기에 가능했다. 『홍길동전』은 그냥 그렇고 그런 소설 정도가 아닌 우리나라 사람들의 열망을 강하게 담고 있는 놀라운 소설인데, 그것이 무엇인지 제대로 짚어내지 못하는 게 문제다. 그리고 그 문제는 있는 그대로 보지 않고 불편한 시선을 따라 왜곡해 보기 때문에 빚어진 것이다.

『홍길동전』 내용의 불편함은 현대의 우리만 그런 게 아니다. 당대 사람들과 공명할 수 없었던 외국인인 호러스 알렌도 그랬다. 그가 보기에 『홍길동전』은 부도덕한 게 너무 많았다. 1889년 알렌이 뉴욕에서 펴낸 저서 『Korean Tales』에는 그가 영어로 번역한 「홍길동전Hong Kil Tong, or The Adventures of An Abused Boy」이 들어 있다. 알렌은 조선에 있을 당시 목판에 새겨 널리 판매했던 『홍길동전』 경판 30장본을 입수해 그 판본을 바탕으로 번역했다. 앞서 설명했듯이 경판 30장본 역시 우리가 앞서 살펴본 내용이 그대로 들어가 있기에 알렌은 꽤 난감했던 모양이다. 그래서 그는 대폭 삭제하고 수정했다.

대표적인 예로 원본에서 홍 판서가 낮잠을 자다 꿈을 꾼 부분을 그는 밤잠을 자다 용꿈을 꾼 것으로 바꾸었다. 홍 판서가 성욕이 들끓어 안채에 들어갔다 쫓겨나다시피 나와 춘섬과 관계를 갖는 비윤리성과 불편한 폭력적 상황을 무마하려 한 것이다. 즉, 밤에 사랑채에서 잠을 자다 용꿈을 꾸어 안채로 들어가 동침을 요구했는데 부인이 거부해 어쩔 수 없이 춘섬과 관계를 갖는 것으로 개작했다. 이때 부인이 동침을 거부한 이유는 홍 판서가 곡산모 초란 같은 첩을 둔 것을 못마땅하게 여겨 둘 사이가 냉랭했기 때문이라고 번역했다. 이렇게 개작함으로써 원작이 지니고 있는 홍 판서의 부도덕함과 파렴치함을 제거하고 길동이 어쩔 수 없이 서자로 태어났다는 개연성을 부여했다.

무엇보다 알렌의 눈에 거슬렸던 것은 우리처럼 평화로운 나라였던 율도국을 정벌하는 대목이다. 그는 이 대목을 아예 삭제했다. 그리고 홍길동 본인 스스로 서자 출신이면서 많은 여성을 첩으로 거느리는 장면 역시 삭제한 뒤 오직 한 명의 여성과 혼인하는 내용으로 대체했다. 그 시대 서양인의 관점에서도 『홍길동전』의 내용 중 여러 부분이 적잖이 불편하게 느껴졌던 것이다. 알렌은 외국인이라 조선 민중들의 감정을 있는 그대로 느낄 수 없었고 공감하기도 어려웠다. 사실 이렇게 공감하지 못하고 자신의 입장에서 바꾸려고 시도한 사람은 19세기 외국인 알렌만이 아니다. 이런 시도는 일제강점기를 거쳐 광복 이후 지금까지 지속적으로 이어지고 있다.

예를 들어 대표적으로 박태원朴泰遠(1909~1986)이나 정비석鄭飛石(1911~1991)은『홍길동전』을 새롭게 그려내며 사회 모순과 부정부패 척결 같은 활빈당의 민중적 혁명성에 초점을 맞춰 써내려갔다. 당연히 홍 판서의 낮잠과 용꿈 핑계 같은 강간적 상황은 사라지고 율도국 정복 역시 삭제했다. 자신이 형상화하려는 영웅 홍길동의 모습에 배치되기 때문이다. 그러면서도 정비석은 "홍길동 정신에 있어서는 추호도 다름이 없다"고 창작의 변을 말했다. 하지만 그렇지 않다. 그런 개작은『홍길동전』이 담고 있는 홍길동 정신을 훼손하는 것이며, 오히려 홍길동 정신을 도저히 알 수 없는 것으로 만들고 마는 행위다.

더 심각한 것은 그런 왜곡이 일어났는지조차 아예 모른다는 점이다. 그러면서 우리는 자신도 모르는 사이에 반쪽짜리 홍길동, 아니 정확하게는 거짓으로 빚어낸 환상 속의 홍길동을 진짜 홍길동으로 생각하고 이해한다. 이러니 '대체 『홍길동전』은 왜 우리에게 고전인가?'에 대한 답을 찾기란 거의 불가능에 가깝다고 할 수 있다.

우리에게 『홍길동전』은 무엇인가

『홍길동전』의 고전다움을 찾아내려면 홍길동과 작품을 둘러싼 번잡한 것들을 걷어내야 한다. 그냥 주문처럼 외우듯 하던 것들을 모두 던져버려야 한다. 허균이 지었든 말든, 최초의 한글 소설이든 아니든, 실존 인물 이야기든 가상 인물 이야기든 아무튼 『홍길동전』은 어느 한 남자의 이야기를 그리고 있다는 것에 주목해야 한다. 비참하게 태어나 왕이 된 홍길동이라는 어느 남자의 성공 이야기라는 데 집중해야 한다.

그래야 하는 이유는 너무 당연하다. 바로 당대 사람들이 그랬기 때문이다. 작가가 누군지 몰랐고 관심도 없었다. 최초의 한글 소설이어서 더 주목한 것도 아니고 연산군 때 실존 인물 이야기를 따온 것이라 열광한 것도 아니었다. 그냥 빠져들었고 그냥 열광했다. 이야기가 그려낸 홍길동이 미치도록 매력적이었기 때문이다.

홍길동은 왜 매력적인 인물인가? 홍길동의 무엇이 사람들의 마음을 매료시켰을까? 무엇이 당대 사람들의 큰 공감을 불러일으켰을까? 그것은 사람들이 홍길동에게서 바로 자신을 보았기 때문이다. 홍길동에게서 자신들이 이루지 못한 소망에 대한 열망을 보았기 때문이다. 그래서 응원했다. 홍길동이 활빈당이 되어 백성을 구휼한 자잘한 일들 때문에 환호한 게 아니라, 그의 성공이 자신의 성공 같았기 때문에 그의 욕망의 과정과 그 성취에 푹 빠져든 것이다. 아무것도 아닌, 당장 죽어도 누구 하나 슬퍼하지 않을 하찮은 존재가 자기 힘과 노력으로 성장해 백성의 우두머리가 되고, 나라의 병권을 쥔 병조판서가 되고, 급기야 왕이 되어 통치한다는 놀라운 성공담에 황홀해한 것이다.

그래서 홍길동이 조선에서 적서 차별을 철폐하려 노력하지 않은 것을 이상해하지 않았고, 백성들을 도와줄 근본 대책을 제시하지 않아도 의아해하지 않았으며, 외국으로 훌쩍 떠나도 서운해하지 않았고, 율도국을 정벌하는 동안 빚어질 수밖에 없는 슬픔과 죽음도 떠올리지 못했던 것이다. 아무나 함부로 대하는 얼굴 시커멓고 꼬질꼬질한 길에 뒹구는 아이, 아비가 누구인지 어미가 누구인지도 모르는 사생아, 이렇게 저렇게 버려진 인생, 누구 하나 두둔해주지 않고, 누구 하나 관심 가져주지 않는 사람, 죽어도 울어줄 사람 하나 없고, 자신이 있지만 누구도 주목하지 않는 하찮은 존재. 그것이 '길에서 주워 온 아이'라는 뜻의 이름 길동吉童으로 모두 합쳐졌다. 민중들은 길동에게서 그것을 읽어냈고 공감했으며, 자신을 길동에게 깊숙이 이입하고 동일시했다.

홍길동은 영웅으로 태어난 게 아니었다. 누구도 바라지 않는 처참한 상황에서 태어난, 지금 같으면 쉽게 지워질 수도 있는 그런 존재였다. '양반가 서자'라는 휘황찬란한 어휘에 가려져 진실을 보지 못하거나 '서자'에 주목해 엉뚱한 곳으로 어긋나면 안 된다. 길동이 적서 차별의 질곡에 시달렸지만 왕이 된 후 여러 첩을 둔 것이나 조선에서 적서 차별 철폐를 단 한 번도 입에 올리지 않은 이유는 너무나 간단하다. 당장 죽어도 누구 하나 모를 미미한 존재에 비하면 '적서 차별을 받는 서자' 같은 것은 그야말로 엄청나게 대단한 위치이니 말이다.

그는 적서 차별 같은 배부르고 사치스러운 관념 때문에 고통을 겪은 것 이상으로 더 극심한 존재의 위험 속에 살았다. 그것이 그를 가출할 수밖에 없게 만들었고, 아무것도 아닌 그가 할 수 있는 거라곤 유랑민이 되어 도적 떼에 들어가는 것뿐이었다. 그는 조선시대 민중들이 겪었던 가장 밑바닥 삶에서 시작해 자신의 능력으로 당대 민중들이 생각할 수 있는 최고의 위치에 올랐다. 왕이 된 것이다. 그리고 사람들은 그것에 열광했다.

『홍길동전』 이야기는 조선시대 민중들에게는 하나도 이상하지 않았고, 하나도 거슬리지 않았으며, 하나도 이해 못할 게 없었다. 그들의 이야기이고, 그들의 이야기이고 싶은 소망이었다. 홍길동은 희망이었다. 당대를 살던 아무것도 아닌 자들의 마음이 투영된 진정한 영웅이었다. 단지 구휼을 하거나 탐관오리를 혼내주고 못된 자들을 무찔러서가 아니라, 자신들의 마음을 이해해주고 자신들의 마음을 있는 그대로 담아낸 진정한 소망을 엄청난 활약을 통해 이루어냈기 때문이다.

사람들은 홍길동에게서 보았던 것이다. 자신들의 희망을 말이다. 그것을 보지 못한 자는 알렌 같은 외국인, 조금 살만했던 후대 사람들, 그리고 진실을 제대로 보고 싶지 않은 우리뿐이다. 누군가 진실을 덮었다는 핑계는 대지 말자. 홍 판서도 용꿈 핑계를 댔으니 말이다. 진실은 때때로 불편하고 때때로 괴롭기도 하지만 결국 승리한다. 왜냐하면 그게 진실이기 때문이다.

홍길동은 영웅이다. 우리가 생각하고 만들어내 호출한 영웅이 아니라 우리의 소망과 열망을 담은 진정한 영웅이다. 그 홍길동의 심정에 공감하고 그 홍길동의 처지에 눈물 흘릴 수 있다면『홍길동전』은 지금도 우리에게 고전이다. 홍길동의 진실이 여전히 우리 마음속에 살아 움직일 테니 말이다.

4부

『구운몽』

인간 욕망의 끝없는 순환과
진정한 깨달음 이야기

모든 형상이 있는 것은 허망하니
모든 형상이 본래 형상이 아닌 것을 알면
곧 진실한 모습을 보게 된다.
일체 모든 것은 꿈과 같고 이슬과 같고 그림자와 같고
번개와 같으니 마땅히 이와 같이 보아야 한다.

1

지식인 김만중은 왜 『구운몽』을 썼을까

김만중은 누구인가

우리 고전문학 작품 중 『구운몽九雲夢』은 정말 드물게 뛰어난 작품이다. 작품의 내용도 그렇지만 작가가 분명하다는 점도 그렇다. 솔직히 말해 우리 민족의 고전은 『구운몽』이라 해도 과언이 아니라고 생각하고, 감히 동서고금의 소설 중 『구운몽』을 뛰어넘는 작품이 없으리라 생각한다.

물론 절대 그렇지 않다고 반문할 수 있다. 철학적 사유로 『구운몽』보다 훌륭한 작품이 있고, 대중적 흥미성으로 『구운몽』을 압도할 작품이 분명히 있다. 하지만 인간 본연에 대한 진지한 성찰과 함께 그 진정성을 흥미진진하게 대중적으로 형상화해 독자들이 자신도 모르는 사이 깊은 철학적 깨달음을 얻도록 한 작품은『구운몽』외에 없다고 생각한다. 우리 작품이라고 너무 추켜세우는 것 아니냐고 생각할 수도 있다. 그런 생각이 드는 이유는『구운몽』을 아직 제대로 읽어보지 않아서다.

『흥부전』,『춘향전』,『홍길동전』은 읽지 않았어도 어느 정도 내용을 알지만 사실『구운몽』에 대해서는 내용조차도 잘 모른다. 대충 인생이 덧없다는 이야기이거나 인생무상 정도의 이야기라고 생각한다. 학교에서 그렇게 가르친다. 하지만 단언컨대 아니다. 흔히 성진과 팔선녀가 환생해서 양소유와 여덟 처첩으로 만나 행복하게 사는 남성 판타지라고 알고 있다. 물론 그렇다. 표면적으로는 그런 내용이다. 하지만 그렇게 단순한 이야기라면 민족의 고전이라고 감히 큰소리치지 못했을 것이다.『구운몽』은 남성 판타지가 아니라 인간 존재 본연에 대한 이야기다.

그래서 이제『구운몽』의 내용부터 차근차근 설명할 생각이다. 대본은 원전에 해당하는 한문 노존본과 한글 규장각본을 바탕으로 최대한 쉽게 풀어보겠다. 그러기에 앞서 작가 김만중이『구운몽』을 창작한 이유를 따져보아야 한다. 사실 여기서부터 살짝 어긋났기에 『구운몽』을 '인생무상'이나 '일장춘몽'이라고 보는 오해가 빚어졌다.

『구운몽』은 숙종 때의 서포 김만중金萬重(1637~1692)이 쓴 작품이다. 너무 대단한 양반이기에 가장 중요한 몇 가지만 짚어보면, 그의 아버지 가문이나 어머니 가문이나 그야말로 엄청난 집안으로 학문적으로나 관직으로나 대대손손 어마어마한 사람들이 즐비했다. 그런 환경에서 그는 학문적으로 대단한 성취를 이루었다.

그의 아버지 김익겸金益謙(1614~1636)은 성균관 생원으로 병자호란 때 임금이 남한산성에 갇히자, 강화로 가서 성을 지키다가 함락 직전에 불을 질러 순절한 강직한 인물이다. 그 당시 어머니 윤 씨의 뱃속에는 둘째 아들 만중이 있었다. 아버지 얼굴도 못 본 유복자 만중의 어머니를 향한 애끓는 사랑과 효성은 죽을 때까지 극진했다. 어머니를 위로하고자 『구운몽』을 썼다는 일화는 아주 유명하다.

김만중이 정계에서 활약한 시기가 숙종 때였는데, 우리가 잘 아는 인현왕후는 숙종의 첫째 왕비가 죽자 다시 맞은 왕비이고, 숙종의 첫째 왕비는 인경왕후 김 씨다. 그녀가 바로 김만중의 형 김만기金萬基(1633~1687)의 딸이다. 즉, 숙종이 김만중의 조카사위인 셈이다. 그가 『사씨남정

기』를 집필해 숙종에게 인현왕후와 장희빈의 관계를 풍자
적으로 간언한 것도 이런 연유에서다.

숙종 때를 잘 안다면 짐작하겠지만, 당파가 노론 중의
노론이며 강직한 성품이었던 김만중의 관직 생활이 평탄
할 리 없었다. 그는 모두 세 번의 귀양살이를 했고, 두 번째
귀양지인 평안북도 선천에서 『구운몽』을 집필했다. 그가
마지막 귀양지인 남해에 머무는 동안 아들을 걱정하던 어
머니가 끝내 병으로 돌아가셨으나 그는 찾아뵙지 못했다.
효성이 지극했던 그는 결국 이곳에서 숨을 거둔다.

김만중은 당대 최고의 지식인이었다. 집안 대대로 학식
이 높았으며 김만중 또한 엄청나게 공부를 많이 했다. 문
장력과 창의력에 있어서 따라올 자가 없었다. 이를 바탕으
로『구운몽』이라는 희대의 명저를 집필했다.

어머니를 위로하려고 인생무상을 말했다고?

조선시대 관리들도 지금만큼 바빴다. 그야말로 공사다망
한 상황이라 뭔가 대단한 저술 업적은 역설적이게도 대부
분 귀양살이를 하는 동안 이루어졌다. 『구운몽』 역시 그랬

다. 그동안『구운몽』을 집필한 장소가 어디였는지에 관해 의견이 분분했으나, 김만중의 일생을 기록한『서포연보西浦年譜』가 발견됨으로써 두 번째 유배지인 평안북도 선천에 있을 때라는 사실이 밝혀졌다.

변방 풍속이 처음에는 문자를 알지 못했는데 선천宣薦, 정주定州와 가까운 고을 사람들이 많이 부군의 집에 찾아와 학업을 닦겠다 청하며 부군을 의지했다. 이후로 이 지역에서 과거에 급제한 이들이 많이 배출되었다.

―『서포연보』

또한 이 구절 앞에는 우리가 잘 아는『구운몽』의 창작 이유와 소설 내용에 대해 적혀 있다.

부군이 귀양지에 이르러 윤 부인의 생신을 맞이했다. … 또 글을 지어 보내 윤 부인이 소일거리로 삼게 하셨다. 그 글의 요지는 일체의 부귀영화富貴榮華가 모두 몽환夢幻이라는 것이니, 또한 그 뜻을 넓혀 그 슬픔을 달래기 위한 것이었다.

―『서포연보』

창작 이유가 '효자인 김만중이 어머니 윤 씨를 위로하기 위해서'였다. 풀이해보자면 '제가 높은 벼슬을 지내다가 지금은 귀양살이를 하고 있듯이 인생의 부귀영화가 모두 꿈 같고 환상 같은 것입니다. 그러니 어머님, 슬퍼하지 마세요'라는 절절한 표현으로 어머니의 외롭고 슬픈 마음을 위로한 것이다.

평소 윤 씨는 김만중이 관직에 나가는 것을 원치 않았다. 첫째 아들이야 가문을 위해 어쩔 수 없는 일이었지만 둘째 아들만큼은 관직에 나가지 않기를 바랐던 것이다. 어머니의 만류에도 김만중은 관직에 나갔고, 아버지의 성품을 닮아 할 말은 해야 하는 강직한 사람이다 보니 두루뭉술하게 살기가 어려웠다. 여러 논쟁과 사건에 휘말려 결국 수차례 유배를 가게 되었고, 그런 아들로 인해 윤 씨는 괴로운 날들을 보낼 수밖에 없었다. 어머니의 그런 마음을 위로하기 위해 김만중은 유배지에서 『구운몽』을 썼다.

『구운몽』의 주제를 흔히 '인생무상人生無常', '인생은 일장춘몽一場春夢이다'라고 생각한다. 학교에서 그렇게 배우기도 한다. 문학작품을 읽고 주제를 생각하는 것은 독자 개인의 문제이므로 어떻게 작품을 읽어내고 어떻게 생각하느냐에 대해서는 딱히 뭐라 규정할 수 없다. '나는 이렇게 느꼈다' 혹은 '나는 주제가 이것 같다'는 개개인의 생각은 자유이니 말이다.

그러나 창작자인 김만중이 어떤 의도로 창작했는가에 대해서는 명확하게 판단할 수 있다. 독자들이 제대로 이해하든 못하든 상관없이 작가는 자신이 담고 싶은 의도를 담기 마련이고, 그것을 작품의 텍스트를 통해 충분히 밝혀낼 수 있다. 결론을 미리 말하자면, 김만중이 『구운몽』에 담고자 한 것은 결코 '인생무상'이나 '일장춘몽' 같은 게 아니다. 바로 위에서 본 『서포연보』에도 나와 있다. 김만중의 가문 사람들은 『구운몽』의 요지를 '일체의 부귀영화가 모두 몽환이다'라고 보았다.

일장춘몽이나 몽환이나 그 뜻이 매한가지 아니냐고 반문할 수 있지만 아니다. '세상 모든 부귀영화가 다 꿈과 환상이다—切富貴繁華 都是夢幻'라는 말과 '세상 모든 것은 헛된 꿈과 같다—場春夢'는 말은 엄연히 다르다. 어떻게 다른지는 곧 알게 될 거다. 아무튼 작가 김만중은 철학적 수준에서 작품의 주제를 담아 말했는데, 우리가 '헛되다'는 가치 지향으로 이해하고 있으니 큰 잘못이다. 결론부터 말하자면, 영화 〈매트릭스〉가 만들어지기도 훨씬 전인 먼먼 옛날에 천재 작가 김만중은 매트릭스 안에 갇혀 있으면서도 그것을 모르는 어리석은 인간들처럼, 우리는 꿈과 환상으로 된 세상 속에 살고 있다고 말했다.

그렇게 김만중은 '세상은 꿈이나 환상처럼 되어 있다'고 말했는데, 우리는 '아하, 부귀영화가 말짱 꽝이란 소리구나!'라고 받아들여 '인생이 허무하네', '삶이 꿈처럼 헛된 것이군'이라고 멋대로 오해한 것이다. 이런 오해는 김만중의 『구운몽』이 나왔을 때도 당연히 있었다. 남성 판타지처럼 양소유가 여덟 부인과 신나게 노는 것으로 소설을 끝내는 이본이 만들어진 게 그 한 예다. 또한 이재李縡 (1680~1740)가 한 언급 때문에 혼란스러워하기도 했다.

패설에 『구운몽』이라는 것이 있는데, 서포가 지은 것이다. 대체적인 뜻은 부귀공명이 일장춘몽이라는 것이니, 어머니의 근심 걱정을 풀어드리고자 함이었다. 그 책이 부녀자들 사이에 성행했는데, 내가 어릴 적에 그 이야기를 들었다. 대체로 석가모니의 우언寓言이었으나 그 속에는 『초사楚辭』의 「이소離騷」가 남긴 뜻이 많이 있다고 한다.
　　　　　　　　　　　　　　　　　　　─『삼관기』

이재의 말을 얼핏 보면, 『구운몽』을 '인생은 한낱 꿈에

불과하니 부귀영화가 다 무슨 소용이겠느냐'는 뜻의 내용이라고 해석할 수 있다. 실제로 우리는 학교에서 『구운몽』의 주제를 '인생무상'이라고 배운다. 한마디로 인생은 덧없다는 것이다. 그런데 아무래도 뭔가 이상하지 않은가? 『구운몽』을 쓴 이유가 '어머니의 근심 걱정을 풀어드리고자' 한 것인데 '부귀공명이 일장춘몽이다'라는 내용으로 과연 어머니의 근심을 풀어줄 수 있을까? 한번 생각해보라. 효자 아들이 귀양지에서 홀로 늙어가는 어머니를 위로한답시고 하는 말이 "어머니, 부귀공명은 한바탕 꿈같은 거예요. 인생은 덧없어요"라고 말했을까? 그리고 그 말을 듣고 어머니는 위로를 받았을까? 인생이 말짱 꽝이라는 이야기를 듣고 오히려 근심이 더해지지 않았을까?

사실 이재의 논평에서 놓치지 말아야 할 부분은 『구운몽』이 석가모니의 우언이라는 지적이다. 이 말은 『구운몽』이 곧 부처의 비유, 불교의 빗댄 가르침이라는 뜻이다. 이 논평을 『구운몽』의 내용과 함께 생각해보면, 불교의 공空사상을 의미하고 있음을 분명히 알 수 있다. 실제로 이야기 마지막에서 육관대사가 설법을 하는데, 그것이 바로 공사상을 담고 있는 『금강경金剛經』의 그 유명한 4구게이기도 하다.

불교의 공 사상은 인생의 헛됨이나 무상을 말하는 게 아니다. 인생이 헛되다고 생각하는 그 생각까지 헛됨을 깨달아야 한다는 것이다. 즉, 인생의 부귀영화가 헛되다는 게 아니라, 그 부귀영화가 헛되다는 생각과 관념까지도 헛되다는 것을 말하는 게 공 사상이다. 대체 이게 무슨 소린가 싶기도 하고, 뭔가 알 듯 말 듯한 느낌이 들기도 할 것이다. 그렇다. 이렇듯 심오한 철학 사상을 당대 최고의 지식인 김만중이 재미있는 이야기를 통해 독자들이 자신도 모르는 사이에 이해하고 깨닫도록 했는데, 그것이 바로 『구운몽』이다. 누구든 신나고 재미있게 이야기를 읽어나가다 보면 서사의 끝에서 벼락처럼 이에 대해 깨닫게 될 것이다.

『구운몽』은 얼핏 인생이 일장춘몽이라고 말하는 것처럼 보이지만, 그 내면에는 깊이 있는 통찰과 깨달음이 담겨 있다. 독자들이 그렇게 읽어내든 아니든 작가 김만중은 그렇게 창작했다. 효자 아들어 어머니를 진심으로 위로하고자 피눈물 나는 마음으로 귀양지에서 쓴 희대의 고전이 바로 『구운몽』이다. 이제 김만중이 만들어놓은 환상의 세계로 들어가보자.

2

두 욕망의
끝없는 순환

성진과 팔선녀의 꿈같은 이야기

『구운몽』은 제목부터 범상치 않다. '아홉九 구름雲 같은 꿈夢'
이라는 함축적인 제목은 '○○전'이라 불리는 여느 작품들
과 격이 다르다. 내용은 제목처럼 주인공 성진과 여덟 명
의 선녀가 구름 같은 꿈을 꾸는 내용인데, 그야말로 구름
같고 꿈 같은 인생 이야기다.

　요약하면 불제자 성진이 꿈에 양소유가 되어 인간 욕망
을 실현하며 부귀의 정점에 올랐다가, 그 정점에서 무상감
을 느끼고 꿈에서 깨어나 이후 진정한 큰 깨달음을 얻는다

는 이야기다. 내용을 순차적으로 나누면 크게 다음과 같다.

① 욕망을 성취하는 이야기: 성진이 양소유 되기
② 무상감을 느끼고 꿈에서 깨는 이야기: 양소유가 성진 되기
③ 진정한 깨달음을 얻는 이야기: 큰 깨달음大覺 얻기

이야기는 이렇게 시작한다. 당나라 때 현재의 인도인 천축국에서 육관 대사가 중국에 불법을 전하러 건너왔다. 이 스님의 이름이 범상치 않다. 육관六觀은 전, 후, 좌, 우, 위, 아래 여섯 곳을 본다는 뜻이다. 즉, 육관 대사는 온 세상의 본질을 꿰뚫는 득도한 스님이라는 의미다. 아무튼 육관 대사가 중국으로 건너와 남악 형산에 연화도량이라는 절을 짓고 이곳에서 제자들을 가르쳤다. 그중에 아주 총명하고 신통력이 뛰어난 성진이라는 제자가 있었는데 대사는 그를 볼 때마다 진정한 도를 가르칠 만한 아이라고 생각했다.

그러던 어느 날 아침, 육관 대사가 제자들을 불러 모아 놓고 이렇게 말했다. 자신이 사람들에게 설법할 때마다 매번 형산 밑에 있는 동정호의 용왕이 사람 모습으로 변신해 열심히 경청하더란다. 그러면서 "용왕이 그렇게 설법을 들

으러 오는 게 고맙구나. 누가 가서 고맙다는 인사를 하겠느냐?"라고 물었다. 그러자 성진이 자신이 가겠다고 나섰고, 육관 대사의 허락을 받은 성진이 옷을 빼입고는 동정호를 향해 날아갔다. 그렇다. 신통력이 대단한 성진은 하늘을 날 수 있었고 호수에 다가가서도 물길을 좌우로 갈라 용궁으로 휘리릭 날아 들어갔다.

아무튼 이때, 같은 형산에 먼저 살던 위 부인의 명을 받은 여덟 명의 선녀가 육관 대사에게 안부를 여쭈러 왔다. 인사를 마치고 돌아가던 선녀 중 하나가 동료들에게 말했다. "사실 말이야, 전에는 이 산이 모두 우리 것이어서 여기저기 돌아다니며 맘껏 경치를 즐겼는데, 이 스님이 온 뒤로는 부인이 다니지 못하게 해서 정말 아쉬웠어. 그런데 지금 우리가 이렇게 왔으니 신나게 놀다 가자. 어때?" 모두가 좋다며 경치 구경도 하고 목욕도 하며 날이 저무는 줄도 모르고 놀았다.

한편 성진을 맞이한 용궁에서는 귀한 손님이 왔다고 큰 잔치를 벌였다. 용왕이 성진에게 술을 권하자 성진이 불법을 익히는 자가 어찌 술을 마시겠느냐며 거절했다. 그런데도 거듭 용왕이 술을 권유하자 성진은 계속 거절하는 것도 예의가 아닌 듯싶어 술 석 잔을 받아 마셨다. 잔치를 마치고 성진이 다시 하늘을 날아 연화도량으로 향했다. 가다 보니 혹시 자신이 술을 마신 게 티가 나지 않을까 마음에 걸렸다. 그래서 세수라도 하고 갈 생각으로 흐르는 시내로 내려와 얼굴을 씻었다.

그때였다. 그의 코에 기이한 향기가 스쳤다. 신통력이 대단해서 그런 것인지, 아니면 남자들만 모여 살아 그런지는 모르겠으나, 성진은 흘러내리는 시냇물에서 단 한 번도 맡아본 적 없는 기이하고도 상큼한 아름다운 꽃향기 같은 것을 맡았다. 마음이 동한 그는 향기를 쫓아 물길을 따라 거슬러 올라갔다. 그러다가 화려한 돌다리 위에 걸터앉아 시시덕거리며 놀고 있는 아리따운 여덟 명의 선녀를 보게 되었다. 성진은 넋이 나갈 지경이었다. 자연스레 다가가 말을 붙였다. "제가 이 다리를 건너가야겠는데, 그대들이 늘어서 있어서 가기 곤란하군요. 좀 비켜주시기 바랍니다." 말도 안 되는 엉뚱한 수작이었다. 말했듯이 성진은 하늘을 날아다니는 신통력이 있으니 날아가면 그만이다. 그리고 지금 굳이 돌다리를 지나갈 필요도 없었다.

선녀들은 선녀들 나름대로 성진이 흥미롭고 재미있었다. 이런저런 말장난과 실랑이가 이어졌고, 결국 성진은 자신의 능력을 한껏 뽐내고자 나뭇가지에 달린 꽃봉오리를 맑고 귀한 구슬로 변화시켜 선녀들에게 하나씩 주었다.
"자, 이것으로 그대들이 길을 빌려주는 값을 하겠소이다."
구슬을 하나씩 받아 쥔 선녀들은 찬란한 미소를 지으며 싱
긋 웃고는 날아갔다. 그녀들은 사라졌어도 아름다운 향기
가 주변에 진동했다. 성진은 향기에 취해 멍하니 선녀들이
사라져간 하늘을 바라보다 돌아왔다.

불제자 성진이 유가의 삶을 욕망하다

연화도량에 돌아온 때는 이미 날이 저문 저녁이었다. 성진
은 육관 대사에게 용궁 다녀온 일을 보고하고 자신이 기거
하는 방으로 갔으나, 황홀한 마음을 걷잡지 못해 어쩔 줄
몰랐다. 어딜 보아도 눈앞에 아름다운 선녀들의 미소가 떠
돌았고 귀에는 쟁쟁한 그녀들의 웃음소리가 끊이질 않았
다. 그윽한 향기는 아무리 해도 코끝에서 사라질 줄 몰랐
다. 난리였다. 그러자 저절로 이런 생각이 들었다.

　'아, 남자로 태어났다면 어려서는 공자 맹자의 글을 읽
　고 자라서는 요순 같은 훌륭한 임금을 만나, 나가면 장

군이 되고 들어오면 정승이 되어, 비단옷을 입고 옥띠를 띠고 궁궐에 나가 조회하고 눈으로는 고운 빛을 보고 귀로는 깨끗한 소리를 듣고, 살아서는 은택이 백성에 미치게 하고 죽어서는 이름을 후세에 남기는 것이 진실로 대장부의 일이다.

그런데 우리 부처님의 가르침은 단지 한 바리 밥과 한 병 물과 두어 권의 경문과 108 염주뿐이다. 그 도가 비록 높고 아름다우나 적막하기 그지없구나.'

성진의 이런 번민은 나름 이해되나 불제자로서는 곤란하다. 스님이 되어 불가의 도를 적막하다 하고 유가의 도인 출장입상出將入相을 욕망하다니 말이다. 성진도 금방 자신의 잘못을 깨닫고 뉘우쳤다. 그래서 마음을 고쳐먹고는, 향로에 향불을 정갈하게 피우고 바르게 앉아 부처님을 떠올리며 참선을 하기 시작했다.

그때였다. 갑자기 밖에서 "사형, 사부님께서 오라십니다!" 하는 소리가 들렸다. 급히 옷을 입고 육관 대사의 거처가 있는 곳으로 갔다. 한밤중임에도 불구하고 그곳은 대낮처럼 환했다. 절 안의 모든 제자들이 온통 횃불을 밝혀 놓고 모여 있는 게 아닌가. 그 중앙에 육관 대사가 떡 버티고 앉아 성진을 향해 큰소리로 호통을 쳤다. "성진아, 네가 네 죄를 알렸다!" 무릎을 꿇고 앉으며 잘 모르겠다고 말하자, 육관 대사가 크게 꾸짖었다.

"중의 행실은 셋이 있으니, 몸과 말씀과 뜻이다. 그런데 너는 용궁에 가 술에 취하고, 돌다리에서 여자를 만나 언어를 수작하고, 꽃을 던져 희롱한 후 돌아와서도 오히려 아름다움에 현혹되어 세상 부귀공명을 흠모하고 불가의 적막함을 혐오했으니, 이는 세 가지 행실이 한꺼번에 무너져버린 것이다."

정말 육관 대사는 이름처럼 온 세상 모든 것을 꿰뚫어보고 있었다. 성진이 했던 모든 일들은 물론이고 그의 마음속 번민까지 죄다 알고 있었던 것이다. 육관 대사의 호통에 성진은 변명을 늘어놓다 못해 "제가 죄가 있으면 사부께서 회초리로 때리시면 될 뿐이지 어찌 차마 이 연화도량에서 내치시려 하십니까. 저를 어디로 가라는 것입니까?"라며 눈물을 흘렸다. 그러자 육관 대사가 성진에게 타이르듯 말했다. 이 말에는 『구운몽』 전체를 꿰뚫는 복선이자 핵심이 담겨 있다.

"네가 스스로 가고자 하기에 가라 하는 것이지, 네가 만일 여기 있고자 하면 누가 너를 가라 하겠느냐. 또 네가 말하기를 '어디로 가리요?'라고 하는데 네가 가고자 하는 곳이 바로 네가 갈 곳이다. … 마음이 좋지 못하면 비록 산중 절에 있어도 도를 이루기 어렵고, 근본을 잊지 않는다면 티끌 같은 인간 세상에 가서도 돌아올 길이 있으니, 네가 만일 오고자 하면 내가 손수 데려올 것이니 의심 말고 가도록 해라."

이렇게 결국 성진은 벌을 받아 지옥 염라대왕 앞에 가게 되고, 거기서 역시 육관 대사의 명령에 의해 잡혀 온 팔선녀와 함께 윤회輪廻의 심판을 받고 각기 인간 세상에 환생하게 된다. 그렇게 성진은 양소유로 환생하고 팔선녀들도 각기 여덟 명의 여인으로 환생해 양소유와 우여곡절 끝에 한 명씩 만나 결연한다.

양소유는 그야말로 성진이 욕망했던 것처럼 출장입상하며 부귀공명을 이룬다. 세상 사람들이 그를 부러워하지 않을 수 없었다. 잘생기고 멋진 것은 물론이고 학식과 무공이 뛰어날 뿐만 아니라 무슨 일이든 척척 해결했다. 게다가 두 명의 공주를 처로 삼고 여섯 명의 여인을 첩으로 삼았는데 이 여인들은 하나같이 빼어난 미녀인데다 서로 시기도 질투도 하지 않고 의좋게 지냈다. 그야말로 양소유의 삶은 당대 모든 남성들이 바라 마지않던 최고의 판타지를 보여준다. 불제자 성진이 욕망하던 부귀공명 출장입상의 꿈을 양소유가 실현해 보인 것이다. 그렇게 양소유는 행복의 절정에 도달한다.

대승상 양소유가 불가의 삶을 욕망하다

부귀공명이 극한에 이르자 양소유는 벼슬을 은퇴한 후 한가롭게 여생을 즐기기로 했다. 터 좋은 곳에 화려하게 궁전을 지은 후 여덟 명의 부인과 날마다 즐거울 시간을 보냈다. 그러던 어느 날, 양소유의 생일을 맞아 모든 부인과 그 부인이 낳은 기라성 같은 자식들까지 다 모여 크게 잔치를 베풀었다. 10일 동안 이어진 잔치는 그야말로 호화찬란했다. 그렇게 풍류를 즐기고 있는데 갑자기 판을 깨는 일이 벌어졌다.

양소유가 온 마음을 담아 피리를 불기 시작했는데 그 곡조가 너무 처량하고 서글펐기 때문이다. 놀란 부인들이

"당신만큼 대단한 분이 없고 당신만큼 모든 것을 다 이루신 분이 없는데, 어찌 이러십니까?" 하고 물었다. 그러자 양소유가 쓸쓸한 속마음을 털어놓았다. 그는 자신보다 훨씬 더 훌륭했던 진시황, 한무제, 현종황제를 언급하며 이렇게 말했다.

"이 세 임금은 천하의 뛰어난 분들이다. 온 세상을 제 집으로 삼고 허다한 백성들을 신하와 부하로 삼아 호화롭고 부귀하게 지내기를 백 년을 짧게 여기며 살았다. 하지만 지금 다 어디 있단 말이냐? … 그러니 어찌 인생이 덧없지 않겠는가."

부귀의 정점에 선 양소유가 인생무상을 느낀 것인데, 인생이 덧없다는 생각에 슬퍼서 그가 분 피리 소리가 애상적이었던 것은 아니다. 피리 소리가 구슬펐던 이유는 다른 데 있다.

"내가 생각해보니, 천하에 유도儒道와 선도仙道와 불도佛道가 가장 높은데, 유도는 살았을 때 벼슬을 하고 죽어서 단지 이름을 남길 뿐이고, 신선이 되는 것은 옛날부터

246

되려 한 사람들이 많았지만 모두 실패하고 말았다. 그런데 내가 벼슬을 사임한 후부터, 밤에 잠을 잘 때면 매번 방석에 앉아 참선하는 모습이 보이더군. 이로 보면 분명히 내가 불가와 인연이 있는 것 같다. … 그러니 내가 이제 출가해서 훌륭한 스승을 구하고, 남해를 건너 관음보살觀音菩薩을 찾아뵙고 오대산에 올라가 문수보살文殊菩薩께 예불을 드려, 불생불멸不生不滅할 도를 얻어 이 세상 고락苦樂을 뛰어넘으려 한다.

그런데 여러 부인들과 인생의 반을 지내다가 막상 하루 아침에 이별하려고 하니 슬픈 마음이 저절로 피리 곡조에 나타난 것 같구나.”

정말 양소유는 남성 판타지의 끝판을 보여준다. 자기 혼자 모든 것을 결정하고 통보하는 배짱이 당당하기 그지없다. 내일 당장 집과 부인을 모두 버리고 불가의 도를 닦기 위해 훌쩍 떠나겠다는 생각에 그동안 쌓인 정 때문에 구슬 펐다니, 이렇게나 뻔뻔하기도 쉽지 않다. 그러나 남성 판타지답게 모든 부인들은 진심으로 받아들이고 오히려 “좋은 뜻을 품으셨네요”라며 축하하기까지 한다.

아무튼 이렇게 대승상 양소유는 인생무상을 느끼고 유

가의 삶을 회의하며 불생불멸할 도를 얻기를 바라는 마음에서 불가佛家의 길을 걷기로 마음먹는다. 이쯤에서 '뭐야, 앞서 성진이 욕망했던 것과 정반대잖아?'라고 의아해할 수 있다. 그렇다. 눈 밝은 독자들이라면 금방 알아차렸을 것이다. 불가의 스님 성진이 유가의 도를 욕망했다면, 유가의 대승상 양소유는 불가의 도를 욕망한 것이다. 성진과 양소유 각각이 그렇게 '다른 욕망'을 품게 된 이유는 자신이 추구하는 도에서 정점에 올랐기 때문이다.

기억하겠지만 성진은 육관 대사의 허다한 제자 중 가장 뛰어난 자였다. 하늘을 날아다니고 물길을 좌우로 가르는 신통력을 부릴 정도의 엄청난 도승이었다. 그런 그가 자신이 속한 불가의 가치를 부인하고 다른 가치인 유가의 삶을 욕망했다. 동일하게 부귀영화의 정점에 선 대승상 양소유가 자신이 속한 유가의 가치를 부인하고 다른 가치인 불가의 길을 욕망한다. 여기에 『구운몽』의 중요한 주제가 숨어 있다.

인간의 욕망은 끝이 없다. 어느 욕망을 끝없이 추구해 그 정점에 도달하면 완성될 것 같지만 그렇지 않고 전혀 다른 욕망으로 넘어간다는 것이다. 라캉Jacques Lacan(1901~1981)의 말처럼 욕망은 완전히 충족될 수 없어 여분의 욕망이 남아 인간은 늘 그것을 추구하러 달려간다는 것을 김만중은 17세기에 『구운몽』을 통해 이미 설파해놓았다.

어쨌든 우리가 일단 기억할 것은 대승상 양소유가 자신이 평생 추구했던 유가 욕망에 대해 덧없다고 느끼고 다른 것을 추구하려는 순간에 새로운 사건이 일어난다는 사실이다.

육관 대사는 미몽에서 깨어나라 말했다

양소유가 다음 날 떠나겠다며 부인들과 흔쾌히 이별주를 기울이는 그때였다. 갑자기 그들이 있는 화려한 누각 쪽으로 누군가 '쿵, 쿵' 큰 석장錫杖을 짚으며 올라오는 소리가 들렸다. 모두가 바라보니 상당히 나이가 많은 외국인 스님[胡僧]이었다. 눈썹이 길고 눈이 맑은 게 보통 고승이 아니었다. 이 장면은 꿈에서 깨는 핵심이 담겨 있는 부분으로 매우 중요하다. 원문을 따라 요약해보자.

누각에 오른 호승이 양소유를 보고 인사를 건넸다.
"산과 들에 사는 하찮은 자가 이렇게 '대승상'님을 뵙게 되었습니다."
양소유는 노승이 범상치 않은 신통한 능력의 '이인異人'

인 줄 알아보고 급히 답했다.

"사부님께서는 어디에서 오시는 길이십니까?"

"아하, 평생 관련이 있는 '고인故人'을 몰라보시니, 신분이 높고 존귀한 '귀인貴人'들이 주변 사람들을 잘 잊어먹는다고 하더니 그 말이 맞구나."

양소유가 자세히 보니 과연 얼굴이 익었다. 잠시 생각하다 홀연 깨달아 부인인 백능파를 돌아보고는 말했다.

"아, 기억났습니다. 제가 젊은 시절에 토번을 정벌하러 갔을 때 꿈을 꾸었는데, 그 꿈에서 동정호 용궁에 가서 잔치를 하다가 돌아오는 길에 남악 형산에 올라갔었습니다. 그때 한 스님께서 법좌에 앉아 강론하시는 것을 들었는데, 바로 그때의 '노스님'이시군요?"

호승이 손뼉을 치며 크게 웃고는 말했다.

"하하하하, 그래 맞다, 맞아. 비록 맞지만 꿈속에서 잠시 만난 것은 기억하면서도 10년을 함께 지냈던 것은 기억하지 못하니, 대체 누가 '장원급제했던 양소유'를 총명하다고 칭찬했더란 말이냐, 하하하하."

양소유는 멍해졌다.

"제가 15, 6세 전에는 부모님 슬하를 떠난 적이 없고, 16세에 급제해서는 나라의 명령으로 동쪽으로 연나라의

반란을 다스렸고 서쪽으로 토번을 정벌하러 간 일 외에
는 단 한 번도 황제가 계시는 도성을 떠난 적이 없는데,
언제 사부님과 더불어 10년을 함께 있었다는 말씀이신
지요?"

호승이 웃으며 말했다.

"그대가 아직 봄꿈에서 깨지 못했구나."

"그렇다면 사부께서 어떻게 저를 춘몽春夢에서 깨게 하
실 생각이십니까?"

"그건 어렵지 않도다."

이렇게 말하며 호승이 손에 들고 있는 스님들의 지팡이
인 석장을 들어 돌난간을 땅땅 두어 번 두드렸다.

그러자 갑자기 주위 골짜기 사면에서 뭉게뭉게 구름이
일어나 그들이 있는 누각에 잔뜩 끼이기 시작했다. 지척
을 분별하지 못할 정도가 되어, 양소유가 술에 취해 꿈
을 꾸는 듯 몽롱해지자 크게 소리쳤다.

"사부께서는 바른 도리로 저를 인도하실 것이지 이런
눈속임으로 저를 희롱하시는 겁니까!"

말을 미처 다 맺기도 전에 구름이 사라져버렸는데, 앞을
보니 호승이 보이질 않고 바로 옆에 함께 있던 여덟 부
인도 어디로 갔는지 없었다.

몹시 당황해서 어쩔 줄 몰라 하는데, 그렇게 화려하고 높던 누각과 그 아래로 자신이 살던 그 많던 집들이 죄다 사라지고, 자신은 한 작은 암자에 풀로 만든 방석에 앉아 있을 뿐이었다. 앞을 보니 향로에 불이 이미 꺼진 지 오래고 지는 달이 창문 밖에 비치었다. 새벽이 된 것이었다.

스스로 제 몸을 보니 손목에 108 염주가 걸려 있었고, 머리를 만져보니 갓 깎은 머리털이 까끌까끌했다. 이건 분명히 젊은 스님의 몸이지 연륜이 지극한 대승상의 모습이 아니었다. 한참을 멍하다가, 비로소 자신이 연화도량의 스님 성진이라는 것을 깨달았다.

생각해보니, 어제 아침에 용궁에 다녀온 일로 그날 저녁 스승님께 책망을 듣고 지옥에 가서 인간 세상에 윤회하여 양 씨 집에 아들이 되고 장원급제, 한림학사를 하고 출장입상하여 부귀공명을 누리며 두 명의 공주와 여섯 명의 낭자들로 더불어 즐기던 일들이 모두 다 하룻밤 꿈이었던 것이다.

'아하, 이것은 필연 사부님께서 내가 생각을 잘못 먹은 것을 아시고 나로 하여금 이 꿈을 꿔서 인간부귀와 남녀정욕이 다 헛된 것이란 사실을 알게 하셨던 거구나.'

성진은 이렇게 꿈에서 깨어났다. 『구운몽』을 여기까지 읽으면 뭔가 설명이 부족한 게 아닌가 싶은 마음이 드는 게 정상이다. 분명 꿈을 꾼다는 말도 없고 암시도 없이 그냥 대뜸 이야기가 죽죽 이어지다가 갑자기 꿈에서 퍼뜩 깨어나니 말이다.

대체 성진이 언제부터 꿈을 꾼 것일까? 지금 깨어난 상황을 미루어 보면, 성진이 마음을 고쳐먹고 향로에 불을 피우고 참선을 하겠다고 앉은 다음부터가 꿈이다. 즉, 문밖에서 "사형! 사부께서 부르셔요"라고 한 대목부터 꿈속이었던 것이다. 그러니 육관 대사가 횃불을 밝혀놓고 성진을 불러 호통을 치던 것도 모두 다 꿈속의 일이었다. 실제 현실에 있었던 일은 아침에 용궁을 다녀오다 저녁에 팔선녀를 만났던 것뿐이다.

작가 김만중은 의도적으로 성진이 꿈을 꾼다는 사실을 숨겼는데, 이는 충격적인 반전 이상의 아주 중요한 핵심을 담고 있다. 차차 말하겠지만, 그중 하나는 방금 꿈에서 깬 성진처럼 생각하면 안 된다는 것을 강조하기 위해서다. 즉, '인간부귀와 남녀 정욕이 다 헛된 것이란 사실을 알게 하려고' 육관 대사가 성진에게 꿈을 꾸게 한 게 아니라는 말이다.

성진은 아직 착각 중이다. 정확하게는 미몽迷夢에 사로잡혀 헤어 나오지 못하고 있다. 이 혼미한 상황은 어제 아침부터 시작되었다. 용궁부터 시작해 돌아오는 길에 그가 저지른 모든 혼란스러운 상황이 밤새도록 꿈을 꾸었지만 해결되지 않고, 아직도 해결 중이다. 지금 성진은 자신이 뭔가 대단한 것을 깨달았다고 착각하고 있다. 너무 생생하고 리얼한 꿈을 꾸었기 때문이다. 그래서 그 꿈에서 추구한 게 옳지 않다고 단정해버렸다. 즉, 유가의 삶을 사는 것은 옳지 않고 원래대로 불가의 삶을 살아야 한다고 깊이 마음먹은 것이다. 하지만 이는 잘못이다.

『구운몽』의 주제를 일장춘몽이나 인생무상으로 생각하는 사람들도 지금 성진과 동일한 수준에 머물러 있는 것이다. 인생이 덧없고 한바탕 꿈처럼 허무한 것이니 진정한 도를 닦자는 지향은 삶의 자세로 나름 훌륭할 수는 있다. 하지만 『구운몽』의 주제는 아니며, 김만중이 그의 어머니에게 들려주고자 한 메시지도 아니다. 그런지 아닌지는 작품을 끝까지 읽어보면 안다. 다 적혀 있다. 그것을 제대로 읽어내지 못할 뿐 답은 늘 눈앞에 있다.

다시 이야기를 따라가보자. 성진이 깨달았다고 생각한 바로 다음 장면이다.

성진이 세수를 하고 옷을 갖춰 입고 스승님이 계신 곳으로 갔더니, 이미 다른 제자들이 다 모여 있었다. 그가 오는 것을 보고 대사가 큰 소리로 물었다.

"성진아! 인간 세상의 부귀를 지내니 과연 어떠하냐?"

성진이 머리를 조아리며 눈물을 흘렸다.

"제가 이미 깨달았습니다. 제자가 어리석고 못나서 생각을 잘못 먹어 죄를 지었으니 분명히 인간 세상에 윤회할 것이었는데, 스승님께서 자비로우셔서 그렇게 하지 않으시고 하룻밤 꿈으로 제가 깨달을 수 있도록 하셨으니, 정말이지 스승님의 은혜는 천만겁이 지나도 다 갚을 수 없나이다."

대사가 말했다.

"네가 흥이 나서 갔다가 흥이 다 해서 돌아왔을 뿐이니, 내가 무슨 간섭한 것이 있겠느냐. 그리고 네가 또 말하기를 '인간 세상에 윤회하는 꿈을 꾸었다'고 하니, 네 말은 인간 세상과 꿈이 다르다는 말이로구나. 아직 네가 꿈에서 채 깨질 못했구나. 장자莊子가 꿈에 나비가 되었다가 나비가 다시 장자가 되니, 어느 것이 거짓이고 어느 것이 진짜인 줄 분별하지 못했다. 그러니 어제 성진과 오늘 양소유가 어느 것이 진짜 꿈이요, 어느 것이 꿈이 아니냐?"

성진이 말했다.

"제자가 아득하여 꿈과 진실을 구분하지 못하니 사부께서는 설법으로 저를 깨닫게 해주시옵소서."

"이제 내가 『금강경』 큰 법을 일러서 너의 마음을 깨닫게 하겠다. 잠시 새로 올 제자가 있으니 기다려라."

잠시 후, 팔선녀가 찾아와 자신들도 성진과 함께 꿈을 꾸었다고 말하며 가르침을 청한다. 육관 대사는 성진과 이제는 승려가 된 팔선녀에게 『금강경』을 강론하고는 네 줄로 된 그 유명한 게偈를 읊는다.

一切有爲法(일체유위법): 세상 모든 삼라만상에는 법이
있으니

如夢幻泡影(여몽환포영): 마치 꿈같고 환상 같고 거품
같고 그림자 같다

如露亦如電(여로역여전): 또 이슬 같고 번개 같다

應作如是觀(응작여시관): 그러니 응당 그렇게 보아야 한다

이 유명한 4구게를 말하자, 비로소 성진과 여덟 명의 여승들이 불생불멸할 진정한 깨달음을 얻는다.

그렇게 불제자 성진이 성진 대사가 되자, 육관 대사는 모든 것을 성진에게 물려주고 자신이 왔던 천축국으로 돌아가고, 성진은 여덟 여승들과 함께 많은 중생들을 교화하며 지내다 아홉 명이 동시에 극락왕생한다.

이야기는 다 들었지만 뭔가 알 듯 말 듯하다. 성진의 말은 분명한데, 육관 대사의 말은 뭔가 아리송하다. 뭐가 꿈이고 뭐가 현실인지 물어놓고 제대로 답도 안 해주고 그냥 끝낸 것만 같다. 사실 모든 것은 위 내용에 다 적혀 있다. 단지 쉽게 이해하지 못할 뿐이다. 말하지 않았는가. 민족의 고전이자 세계 어디에 내놓아도 손색이 없는 위대한 작품이『구운몽』이라고. 그러니 미안한 소리지만『춘향전』이나『홍길동전』처럼 즉각적으로 이해되지 않더라도 잠시 참으시라. 다음 장에서 하나씩 차근차근 생각해보자. 분명 벼락처럼 깨달을 것이다.

다만 한 가지만 기억하자. 꿈에서 깬 성진이 이러저러하다며 했던 말에 담긴 생각을 육관 대사는 잘못이라고 지적했다는 사실 말이다. 그렇다. 인생무상이나 일장춘몽을 육관 대사는 잘못이라고 명확히 말했다. 그러니 여전히『구운몽』의 주제를 그렇게 생각한다면 큰 잘못이다. 비록 성진과 여덟 여승이 깨달았다는 진정한 깨달음이 뭔지 모른다 해도, 적어도 그것이 '인생무상'은 절대 아니다. 『구운몽』의 주제는 인생무상이나 일장춘몽이 결코 아니다.

이제 육관 대사가 성진에게 말했던, 그래서 깨닫게 된 그 진실이 무엇인지, 그리고 작가 김만중이 우리에게 말하고자 하는 『구운몽』의 핵심을 찾아가보자.

3

무엇이 꿈이고,
무엇이 꿈이 아닌가

속고 속임의 프랙탈 구조

『구운몽』은 모든 게 속고 속이는 장난의 연속이라 해도 과
언이 아니다. 양소유는 정경패의 얼굴을 보려고 여자로 변
장해 몰래 그녀 앞에서 거문고를 연주한다. 남자이면서 여
장을 해 여자로 속인 것이다. 또 양소유가 연나라에 갔을
때, 그를 보고 푹 반한 적경홍이 남자로 변장해 양소유와
함께 한참을 동행하며 사귄다. 여자이지만 남장을 해 남자
로 속인 것이다. 『구운몽』은 이렇게 성별을 속인 정도가 아
니라, 사람이냐 아니냐를 두고서도 서로 속고 속도록 이야

기를 그려낸다.

엉큼하게도 양소유가 여장을 하고 자신의 미모를 훔쳐 보았다는 것을 알게 된 정경패는 그렇게 속은 것에 골약이 올랐다. 그래서 거꾸로 양소유를 속이기로 마음먹고는 자신의 시녀 가춘운을 시켜 양소유를 유혹하게 한다. 가춘운이 자신을 선녀라고 꾸미자 양소유는 홀딱 넘어간다. 그러다가 가춘운이 선녀가 아니라 오래전에 죽은 귀신이었다는 사실이 밝혀진다. 그럼에도 불구하고 양소유는 가춘운과 떨어지지 않으려 하며 애욕에 눈이 먼 행동을 보이다가 결국 온 집안이 자신을 속였음을 알게 된다. 즉, 가춘운은 선녀도 아니고 귀신도 아닌 사람이었다는 사실을 뒤늦게 알게 된다. 사람이지만 때론 선녀가 되고 때론 귀신이 되었던 것이다.

이런 모든 속임수는 단순히 누군가를 속였고, 누군가에게 속았다는 유희적 장난 이상의 의미를 지닌다. 물론 이 대목을 읽고 있는 독자들은 아직 잘 모른다. 단지 재미있는 선남선녀의 애정행각이나 풋풋한 장난 정도라고 여길 것이다. 하지만 앞서 설명한 『구운몽』 전체 이야기를 제대로 이해했다면 이런 속임수들을 작품에 계속해서 등장시킨 작가의 의도를 짐작할 것이다. '아! 무엇이 진짜인지를 계속 묻는 것이구나!' 맞다. 정확하다.

남자인 양소유는 여자인 척했지만 현명한 정경패에 의해 곧 발각되었다. 하지만 양소유는 줄곧 속기만 했다. 적경홍은 무척이나 아름다운 여자임에도 불구하고 남장을 했을 뿐인데 전혀 여자로 알아보지 못했다. 심지어 첫날밤 동침한 후 여인의 몸이 되어 있는 그녀를 보고도 진실을 전혀 알아채지 못했다. 적경홍의 친구인 계섬월이 설명해 주고 나서야 비로소 깨달았다. 어리석기 이를 데 없다. 그렇다. 양소유는 어리석었다. 무엇이 진실인지, 무엇이 진짜인지 줄곧 몰랐다.

가춘운이 몸과 형체가 있는 사람이지만 그녀를 선녀로 착각하거나 귀신으로 알고 동침했다. 몸을 섞으면서도 양소유는 자신이 사람과 동침한다는 생각을 하지 못했다. 미욱하기 이를 데 없다. 그 총명한 양소유는 무엇이 진실이고 무엇이 가짜인지 도무지 알지 못했다. 이렇게 양소유가 번번이 속임의 대상이 되고 끝내 말해주지 않으면 진실을 모르는 헛똑똑이인 점은 『구운몽』이 그려내고자 한 핵심에 닿아 있다. 인간이란 아무리 현명하고 똑똑해도 '존재의 본질을 제대로 알지 못한다'는 의미다.

'맞아, 어떻게 사람을 귀신인 줄 알고, 어떻게 남장을 했다고 아름다운 미녀를 못 알아봐.' 이렇게 웃음 섞인 미소로 읽어나가던 독자들은 양소유가 꿈에서 깨는 장면, 아니 성진이 꿈에서 깨어나는 장면을 마주하는 순간 화들짝 놀라고 만다. 여자든 남자든, 귀신이든 선녀든 사실 모든 게 꿈속의 허상이었다는 진실을 마주하게 되는 것이다. 더 중요한 것은 성진이 스스로 자신이 윤회해 양소유가 되었다고 착각했다는 점이다. 사실 윤회한 게 아니라 작은 암자에 앉아 그냥 꿈을 꾸고 있었을 뿐인데 말이다.

『구운몽』의 속임수는 양소유의 인생에서 거듭 반복되는 사건들에만 있는 게 아니라 성진을 두고도 속였다는 점이며, 한 걸음 더 나아가 작품을 읽는 독자들까지 속였다는 데 있다. 그렇다. 더 큰 속임수가 있었다. 이 모든 게 작가 김만중이 '의도적으로 꿈을 꾼다는 사실을 숨겼다'는 놀라운 솜씨에 있다. 그렇게 함으로써 성진이 양소유로 환생하는 윤회를 겪었다고 믿게 했고 독자는 모두 다 그 전략에 속고 말았다. 그래서 독자들은 성진이 환생했다고 생각했지만 사실은 그냥 꿈을 꾸었을 뿐이다. 윤회한 게 아니라 그냥 꿈이었을 뿐이다.

이런 중층적 구조는 프랙탈fractal 구조와 그대로 닮아 있다. 부분의 모양이 전체의 모양을 닮아 거듭 중복되는 양상인 프랙탈 구조처럼 『구운몽』은 중첩되는 속임수의 연속으로 구성되어 있다. 러시아 인형 마트료시카matryoshka 처럼, 인형 안에 똑같이 생긴 인형이 들어 있고 그 안에 또 다시 똑같이 생긴 인형이 연속적으로 들어 있는 것처럼 『구운몽』은 속임수가 층층이 쌓여 있는 구조다.

첫째로 가장 작은 층위로는 양소유의 삶에서 속고 속임이 있었고, 둘째로 그보다 조금 더 큰 층위로는 성진이 윤회해 양소유로 환생했다고 속은 게 있으며, 셋째로 그보다 더 큰 층위로는 밖에서 『구운몽』을 읽는 독자들이 성진이 진짜인지 양소유가 진짜인지를 몰라 속고 있는 우리 삶의 현상이 있다.

작가 김만중의 이런 놀랍고 획기적인 구성은 꿈에서 깰 때의 반전 때문만이 아니라, '윤회란 꿈을 꾸는 것과 같다'는 날카로운 철학적 성찰을 담으려 했기 때문이다. 그리고 그것을 성진이 퍼뜩 꿈에서 깨게 함으로써 독자들도 충격과 함께 퍼뜩 깨어나 '인생이란 꿈처럼 허상이라는 것'을 깨닫기를 바라는 마음에서 그렇게 구조화한 것이다. 그러나 사람들이 그렇게 쉽게 진리를 깨닫지는 못한다. 『금강경』의 핵심인 공 사상이나 경전을 수십 번 읽어도 좀처럼 쉽게 깨우치지 못하는 것처럼, 우리 인생도 그렇다. 꼭 꿈에서 깨어난 성진처럼 생각하기 마련이다. '아, 모든 게 꿈이었구나. 다 거짓이었어. 환상이었어'라고 말이다.

그래서 작가는 육관 대사를 통해 성진과 우리를 향해 분명하게 말한다. "네가 인간 세상에 윤회하는 꿈을 꾸었다고 하니 아직 꿈에서 덜 깼구나." 이게 대체 무슨 말인가. 성진은 분명 꿈에서 깨어났는데 이게 무슨 소리란 말인가. 아무리 생각해도 장난으로밖에 생각되지 않는다. 그러자 육관 대사가 다시 묻는다. "어느 것이 거짓이고 어느 것이 진실이냐? 성진이 진실이고 양소유가 거짓이란 말이냐?" 너무 당연한 말에 멍해질 수밖에 없다. 누가 봐도 성진이 진짜고 양소유는 꿈속 존재이니 가짜가 분명하지 않은가 말이다. 하지만 아니다. 진짜이면서 가짜고 가짜이면서 진짜다. 말장난 같은 이것이 바로 불교의 공空 사상이다.

공 사상과 호접지몽

공 사상을 가장 쉽게 풀어 말할 때, '색즉시공色即是空 공즉시색空即是色'이라는 말을 한다. 한문이어서 어려운 게 아니라, '있는 게 없는 것이고, 없는 게 있는 것이다'라고 우리

말로 풀어놓아도 어렵다. '세상 모든 존재가 진실되나 거짓이고, 거짓이나 진실이다'라는 말도 마찬가지로 뱅뱅 도는 소리다. 그래서 '공'을 간단히 '말짱 꽝'이나 '헛됨'이라고 번역해 범박하게 설명하면, '세상 모든 게 헛된 것인데 그렇게 헛되다고 생각하는 생각까지 헛되다'는 것을 의미한다. 알 듯하지만 여전히 난감하다. 바로 이런 난감함을 김만중은 『구운몽』 마지막 부분에 세 가지로 쉽게 설명해 놓았다.

첫 번째는 육관 대사가 성진에게 한 말들 속에 있다. 육관은 자신이 성진을 윤회시킨 게 아니라고 말했다. 사실 그렇다. 성진이 윤회한 게 아니라 꿈을 꾸었을 뿐이니 말이다. 육관은 단지 꿈을 꾸게 했을 뿐이다. 그 꿈속에서 성진이 제 멋대로 한 것이다. 육관 대사가 "네가 흥이 나서 갔다가 흥이 다해서 돌아왔다"고 했는데, 따지고 보면 맞는 말이다. 스스로 욕망에 사로잡혀 흥분해 달려갔다가 그 극점을 찍고 나니 흥분이 사라져 불제자가 되고 싶어 하지 않았던가.

『구운몽』 이야기를 생각해보자. 성진은 용궁에서 술을 먹고 선녀에게 매혹되어 욕망에 시달렸다. 정확하게는 유교의 입신양명과 출장입상의 욕망이 들끓었다. 그렇게 흥이 나서 정말 그 욕망대로 살아보았다. 그것이 바로 '성진이 양소유 되기'의 실체였다. 불제자가 유가의 욕망을 추구했던 것이다.

그러다 다시 '양소유가 성진 되기'가 이루어진 것은 대승상이 불가의 욕망을 추구했기 때문이다. 그런데 생각해 보니 불가의 길을 가겠다는 것은 이미 성진이 다 닦아서 성취한 수준이 아니던가. 그러니 그는 다시 제자리로 돌아오고 싶어 한 셈이다. 그래서 꿈에서 깸으로써 하늘을 날 정도로 엄청난 도술을 부리는 불제자 성진으로 돌아왔다. 결국 육관 대사의 말은 정확했다. 성진 스스로 흥분해 달려 나갔다가 흥분이 다 사라져 돌아온 것이다.

정리하면, 성진과 양소유는 서로 물고 물리는 관계처럼 끝없이 상대방을 욕망하는 순환 관계다. 성진은 양소유처럼 되고 싶어 하고, 양소유는 성진처럼 되고 싶어 한다. 그런데 그렇게 상대방이 되어 보면 그 욕망의 극한에서 허무함을 느끼고 다시 반대쪽이 되고 싶어 한다. 끝없는 욕망이다. 꼬리에 꼬리를 무는 욕망이 한도 끝도 없이 계속 뱅뱅 이어질 상황이다. 열심히 열망하나 다람쥐 쳇바퀴처럼 뱅글뱅글 돌 뿐이다. 그렇다. 윤회처럼 꼭 그렇다.

그래서 육관 대사는 성진에게 분명하게 지적한다. "네가 인간 세상에 윤회하는 꿈을 꾸었다고 하는 걸 보니 아직 꿈에서 덜 깼구나"라고 말이다. 분명 꿈을 깼는데 이게 무슨 소린가 싶지만, 이어서 육관 대사는 꿈에서 덜 깼다는 게 "너의 그 말은 인간 세상과 꿈이 다르다는 말이로구나"라고 설명한다. 맞다. 육관 대사는 모든 말을 다했다. 다만 제대로 못 알아들었을 뿐이다. 육관 대사의 말은 결국 인간 세상과 꿈이 다르지 않다는 뜻으로, 그것은 지금 인간 세상에 살고 있는 성진이나 꿈에 살고 있던 양소유나 모두 다 윤회의 쳇바퀴 속에 갇힌 욕망의 존재일 뿐이란 사실을 냉철하게 지적한 말이다.

다시 설명하면, 성진이 양소유고 양소유가 성진이다. 이것은 틀림없는 사실이다. 다만 성진은 현실[色]에 있고 양소유는 꿈[空]에 있었을 뿐이다. 하지만 둘은 같은 존재다[色即是空]. 지금 꿈에서 깬 성진은 자신이 진짜고 양소유가 가짜라고 생각한다. 하지만 꿈속에 있는 동안 양소유가 스스로 자신이 가짜라고 생각했을까? 당연히 아니다. 양소유는 자신이 진짜[色]라고 철석같이 믿었다. 아니 그런 의문조차 품지 않았다. 그러나 사실 꿈속의 존재였다. 양소유는 없었던[空] 것이다. 양소유는 '있지만 없는 존재[色即是空]'였다.

이것으로 충분히 깨달을 수 있다. 하지만 그럼에도 불구하고 우리 인간은 이런 질문을 하곤 한다. '성진이 진짜고 양소유가 가짜잖아요? 성진은 지금 있고 양소유는 지금 없는 꿈속 존재이니까요. 안 그래요?'

그래서 작가 김만중이 두 번째 설명을 한다. 그는 육관대사의 입을 통해 호접지몽胡蝶之夢을 제시한다. '호랑나비의 꿈'인 호접지몽은 『장자莊子』에 나오는 이야기다. 어느 날 장자가 꿈을 꾸었는데 꿈에 호랑나비가 되어 즐겁게 꽃들 사이를 날아다녔다. 그러다가 꿈에서 깨어보니 자신은 장자였다. 그러자 그는 '내가 내 꿈속에서 나비가 된 것인지, 나비가 꿈에 내가 된 것인지 모르겠다'고 생각했다는 이야기다.

즉, 장자는 자신이 진짜인지 나비가 진짜인지 모르겠다고 말한 것이다. 자신을 중심으로 보니 나비가 꿈 같지만, 나비가 보기에는 자신이 꿈일 수 있다는 소리다. 지금 자신이 장자라는 실체로 살고 있으니 자신을 중심으로 판단해 '나는 존재하고[色] 나비는 존재하지 않는다[空]고 생각하지만[色卽是空] 사실 반대일 수도 있다[空卽是色]는 말이다.

이제 느낌이 오는가? 그렇다. 성진은 자신이 성진이니, 성진이 진짜고 양소유가 가짜라고 구분했다. 이렇게 구분하는 사고가 인간의 문제적 모습이다. 나와 너를 구분해 나는 진짜 너는 가짜라고 하는 게 인간이다. 이렇게 구분하는 사고는 '자기'라는 정체성을 기반으로 하기 때문이다. 즉, '내가 보기에', '내가 생각하기에', '내 느낌에는'이라고 하는 자신을 중심으로 한 판단들이 결국 진짜와 가짜를 구분하게 되는 것이다. 그것을 깨뜨리고 없애버리라는 게 공 사상이다.

성진은 자기가 꿈에 양소유가 되었다고 생각했지만, 양소유는 자신이 꿈속 존재인지 몰랐다. 꿈에서 깨고 나서야 양소유가 꿈속 존재인 줄 알았다. 당연해 보이지만 여기에는 아주 중요한 사실이 빠져 있다. "어제 성진과 오늘 양소유 중 어느 것이 진짜고 어느 것이 가짜이냐?"라는 육관 대사의 질문은 바로 이런 의미를 담고 있다. "성진아, 너는 지금 네가 진짜라고 생각하는구나. 하지만 너 역시 누군가의 꿈일 수 있다는 생각은 못 하느냐?"

그렇다. 성진은 양소유가 꿈속 존재라는 것을 꿈을 깬 후에야 알았다. 하지만 지금 육관 대사에게 머리를 조아리며 깨달음을 받고자 하는 성진의 현실이 진짜라는 보장은 세상 어디에도 없다. 양소유도 자신이 살아 있는 동안은 자신이 진짜인 줄로 알고 떵떵거리며 살았다. 하지만 아니었지 않은가. 인간이란 존재는 자기중심적으로 모든 것을 구분하고 판단하고 행동한다. 그러나 자신이 중심인지, 자신이 진짜인지, 자신이 정말 꿈속 존재가 아닌지 그 누구도 증명해낼 수 없고 알 수도 없다. 『구운몽』은 이런 놀라운 통찰을 담고 있다.

작가는 세 번째로 『금강경』 설법을 통해 공 사상을 제시한다. 그런데 우리가 앞서 본 것처럼 구체적 설법 내용은 서사화하지 않고 핵심 4구게만 제시했다. 그것으로 충분하기 때문이다. 사실 육관 대사는 처음 중국으로 넘어올 때부터 늘 『금강경』을 강론했다. 그리고 큰 깨달음을 얻은 성진 대사에게 물려주고 떠난 것도 『금강경』이었다.

작가 김만중은 이렇게 마지막 대목에 세 가지 방법을 통해 진정한 깨달음을 촉구했다. 어떤 분은 '금강경'을 '벼락 같은 몽둥이'라고 말하기도 한다. 정말 금강석처럼 단단한 몽둥이로 깨우침을 위해 내리치는 것처럼 느껴지기 때문이다. 그만큼 깨우침이 어렵다는 의미이기도 하다. 금강석 같은 몽둥이를 현대로 말하자면 산탄총의 탄환이라고 해도 될지 모르겠다.

그렇다면 작가에게는 마지막 한 발이 더 남아 있다. 어리석은 집착과 구분에 사로잡혀 사는 우리들의 미몽을 깨뜨릴 묵직한 마법의 탄환이 아직 남아 있다. 비록 작품 속에 있는 '육관 대사의 언술', '장자의 호접지몽', 『금강경』의 4구게' 이렇게 세 가지 설명을 들어도 여전히 잘 모르겠다면 마지막 한 방을 기대해보자. 그 엄청난 한 방, 마법의 탄환은 바로 『구운몽』이란 작품 자체다. 사실 처음부터 이 한 방이 있었을 따름이다. 이 놀라운 마법의 탄환을 날리기 위해 작가 김만중은 심혈을 기울였다. 작품 자체가 깨달음에 대해 말하는 '깨달음에 대한 텍스트'이면서 깨달음을 주는 '깨달음의 텍스트'였던 것이다. 김만중은 소설 '구운몽』이라는 묵직한 탄환을 우리에게 날렸다.

자기 기억과 자기 망각의 윤회

『구운몽』은 육관 대사가 제사 성진에게 자신의 진정한 도를 전수하는 이야기다. 어느 날 아침 용궁에 보내면서 시작된 이야기가 그다음 날 아침 엄청난 깨달음을 얻는 것으로 끝나는 이야기이기도 하다.

　육관 대사는 이미 성진을 도를 전할 그릇으로 생각했다. 대사의 제자가 수백 명인데 그중 계율을 잘 지키고 행실이 뛰어나 신통력을 얻은 자가 300여 명이었다. 그중에서도 유독 성진이 빛났다. 불교의 모든 경문에 통달했고 총명과 지혜가 남달랐다. 하지만 대사가 보기에 그는 큰 문제가 있었다. 너무 불법에 정심한 게 문제였다. 그것은 필연적으로 집착으로 치달을 수밖에 없으니 궁극적으로 도를 이룰 수 없다.

불가의 계율이 옳다고 생각하고 다른 것을 배척하는 것은 바로 구분이고 판단이다. 『금강경』을 그토록 강론하며 가르쳤지만 성진은 공의 가르침과는 멀어졌다. 그는 대단하지만 대단하기에 문제였다. 하지만 정작 그 자신은 그것을 알지 못했다. 성진이라는 자기 존재가 옳다고 믿는 관념에 머물러 있기 때문이다.

이대로 성진을 둔다면 성진은 어떻게 될까? 열심히 도를 닦으나 결국 진정한 깨달음을 얻지 못하고 죽으면 윤회할 수밖에 없다. 그렇게 다시 태어나면 불도를 닦든 유도를 닦든 할 것이고, 또다시 열심히 노력하고 욕망한들 결과는 마찬가지다. 태어나고 죽고 태어나고 죽기를 반복할 것이다. 그렇게 천만억겁 반복될 윤회의 굴레에서 조금도 빠져나올 수 없다. 육관은 이것을 깨뜨리고자 했다. 윤회 인생에서 벗어나 진정한 깨달음을 얻게 하려 했다. 그래서 꿈을 꾸게 했다. 꿈속에서 윤회하게 만들었고 꿈에서 깨게 했다. 그렇게 '윤회 역시 꿈처럼 허상이라는 진실'을 깨닫기를 촉구했다.

잠시 성진이 꿈을 꾸었다는 사실을 한쪽에 제쳐두고 생각해보자. 그러면 성진이 양소유가 된 것은 윤회했기 때문이라 할 수 있다. 그렇게 전생이 성진이고 현생이 양소유이지만 서로가 서로를 알 수 없다. 윤회했으니 말이다. 사실은 동일한 존재이지만[色卽是空 空卽是色] 그렇지 않다고 생각한다. 서로 진실[色]이고 가짜[空]라고 다툰다. 같다는 사실을 서로 모르기 때문이다. 서로 만날 수도 없고 연락할 수도 없이 단절되었기 때문이다. 서로 이어질 수만 있다면 자신이 성진이고 양소유라는 사실을 알 수 있다. 하지만 단절되어 있다.

그렇게 전생과 현생이 단절되는 이유는 '윤회했다'고 자신이 생각하고 믿는 순간 그 관념에 사로잡혀 자기 스스로 자신을 망각하기 때문이다. 자신이 전생의 성진이라는 사실을 스스로 망각하고 양소유라는 사실을 스스로 기억하기 때문이다. 『구운몽』은 윤회의 장면을 이렇게 묘사한다.

아이로 환생해 태어난 성진이 이후로 배가 고프면 울고 울면 부모가 젖을 먹이니, 처음에는 마음속에서 형산 연화봉에 있는 연화도량을 잊지 않았지만, 점점 자라면서 부모의 은혜와 정을 알게 되니, 전생의 일은 아득히 잊어버리고 생각하지 못하더라.

이렇게 윤회란 '자기 기억'과 '자기 망각'이 연쇄적으로 무한정 이어지는 것이다. 성진과 소유는 원래 하나이지만 둘 사이에 '인식의 단절'이 생겨 '차이'가 만들어지게 되었고, 그 차이가 '다름'으로 규정되며 진실[色]과 거짓[空]의 대립으로 벌어지게 되었다. 그러나 사실 둘은 하나다[色卽是空].

그러나 이런 사실을 모르는 양소유는 대승상이 되든 불도를 닦든 혹은 인생무상을 느끼든 말든 죽어 다시 윤회할 것이고, 다음 생에 철수가 되든 영희가 되든 자신이 양소유였단 사실을 까맣게 잊고 '내가 진실이다'라고 믿으며 살게 될 것이다. 양소유가 그랬듯이 말이다. 미래로 무한정 나아가도 끝이 없는 것이다.

그럼 뒤를 돌아보면 시작이 있던가? 분명 양소유의 전생은 성진이다. 그럼 성진의 전생은 무엇이었을까? 성진의 전생은 이야기에는 안 나오지만 영철이일 수도 있고 순희였을 수도 있다. 아니면 축생畜生인 개나 고양이였을 수도 있다. 이쪽도 원래 본체라는 진실을 찾으려 하면 끝이 없다.

그렇다면 무엇이 진짜일까? 성진? 양소유? 철수? 고양이? 답은 이미 육관 대사가 말했다. 성진을 향한 그의 물음 속에 답이 담겨 있다. 성진은 진짜이면서 가짜이고 양소유는 가짜이면서 진짜다. 윤회의 각 단계를 사는 그 자신은 분명 '진짜'지만 윤회의 다른 단계에서 볼 때는 분명 '가짜'일 수밖에 없다. 그러니 양소유는 가짜였지만 동시에 진짜였던 것이고[空卽是色], 성진 역시 진짜이지만 동시에 가짜인 것이다[色卽是空]. 그러니 진짜니 가짜니 하는 구분된 생각을 깨뜨려야 하며, 진짜와 가짜가 있다는 생각 자체가 틀린 것이니 버려야 한다. 앞서 범박하게 말했듯이 '세상 모든 게 헛되다[空]는 생각까지 헛되다[空]는 것을 알아야' 하고, 그 모든 것을 깨뜨리고 버려야 하는 것이다.

이렇게 세상 어떤 인간이든 자신이 진짜라고, 자신이 최고라고, 자기만이 이 세상을 자신으로 사는 존재의 본질이라고 착각하는 미망에 사로잡혀 산다. 이것이 희로애락喜怒哀樂의 고통과 슬픔이 끊이지 않는 삶의 이유이고, 허망한 무상감에 사로잡히게 되는 본질이라고 『구운몽』은 통찰하고 갈파한다.

이제 알 것이다. 성진이 꿈에 양소유가 되었다는 게 중요한 게 아니라, 성진이 양소유로 윤회하는 꿈을 꾸었다는 게 핵심이다. 즉, 서로 연결될 수 없는 존재의 '전생-현생-내생'을 꿈이라는 장치로 형상화하는 순간, 즉 꿈에서 깬다는 놀라운 사건이 발생하는 순간, 존재의 본질이 이어져 있다는 것을 알게 된다. 그러면서 그 어느 것도 진실이 아닌 꿈 같고 환상 같은 것이란 놀라운 진실을 깨닫게 되는 것이다. 그러니 끝없는 윤회의 굴레를 "꿈처럼 환상처럼 물거품처럼 바라보아야 한다"는 4구게의 읊조림처럼 이해해야 하는 것이다.

『구운몽』은 이렇게 작품 전체를 통해 주제를 형상화한 놀랍고 환상적인 이야기다. 또한 작품 전체의 거대한 구조에서만 진정한 깨달음을 이야기하는 게 아니라 세부적인 작은 내용에서도 그렇게 구조화했다. 양소유가 토번을 정벌하러 갈 때 꿈을 꾸는데, 꿈속에서 백능파를 만나고 동정호 용궁에서 잔치를 하고 형산에 있는 절에 올라가 늙은 스님을 만난다. 그렇다. 그 절이 바로 성진의 연화도량이고 그 스님이 바로 육관 대사다. 즉, 성진의 꿈에서 양소유가 꿈을 꾸었는데, 그 꿈속의 꿈에 성진이 있는 연화도량에 온 것이다. 프랙탈 구조가 여기에서 다시 한번 반복된다.

아무튼 이때 양소유가 꿈을 꾸었다가 깨는데, 꿈속에서 자신이 벌인 일이 고스란히 현실에서 벌어진다. 꿈속에서 남해 용왕의 아들을 격퇴했는데 깨어나 보니 온 사방에 무수한 시신들이 널려 있지만 양소유는 이상하게 여기지 않는다. 심지어 꿈속에서 백능파를 만나 수작하고 동침했는데 깨어난 후 얼마 지나 백능파가 천연덕스럽게 그를 찾아오자 조금도 의심하지 않고 그녀를 맞아들인다.

대체 어떻게 꿈속에서 만난 여인이 현실에 나타났는데 놀라지 않을 수 있는지 궁금증이 생기고 이상하게 느껴질 것이다. 게다가 다른 부인들은 백능파를 양소유가 꿈에서 만났다는 사실을 알고도 스스럼없이 대하고, 용왕의 딸이란 것도 그냥 받아들인다. 심지어 용으로 변신해보라고까지 한다. 즉, 양소유와 부인들은 거짓[空] 같은 꿈속 일들을 다 현실[色]에 일어난 일처럼 받아들인다. '거짓이지만 진실[空卽是色]'이라고 여긴 것이다.

독자들은 이 부분을 읽는 동안 조금 난감해할 수도 있다. 말도 안 되기 때문이다. 하지만 이런 오류처럼 보이는, 조금 억지스럽게 보이던 요소들이 양소유가 꿈에서 깨는 순간 대번에 모두 해소된다. 모든 게 꿈속에서 벌어진 일이니 '꿈에선 뭐든 맘대로 할 수 있지'라며 그럴 수 있다고 치부하는 것이다. 그렇다. 인생이란, 삶이란 모두 꿈같다는 것은 허무하다는 의미가 아니다. 이제 앞서 인용했던 『서포연보』의 구절을 다시 한번 읽어보라.

> 글을 지어 보내 윤 부인이 소일거리로 삼게 하셨다. 그
> 글의 요지는 일체의 부귀영화가 모두 몽환이라는 것이
> 니, 또한 그 뜻을 넓혀 그 슬픔을 달래기 위한 것이었다.
>
> ─『서포연보』

자, 이제 다시 묻겠다. 어머니 윤 씨는 아들 김만중이 지
어 보낸『구운몽』을 읽고 위로를 받았을까? 만약 받았다면
그것은 무엇이었을까? 이제 모두 알게 되었을 것이다. 공
이 뭔지 아직 충분히 몰라도, 인생무상 같은 단순한 감정
이나 일장춘몽 같은 어설픈 내용은 절대 아니라는 사실을
말이다.

진정한 깨달음의 이야기

고전의 가치는 박제된 관념에 있는 게 아니고, 어딘가 담
겨 있을 주제를 확인하는 것도 아니다. 고전을 읽는 동안
그 안에 형상화된 가치를 이해하고 자신도 모르는 사이에

스스로의 삶과 의미를 되돌아보는 데 있다.

소설이란 주제를 찾기 위해 어려운 길을 일부러 돌아가는 것이 아니며, 복잡한 길에서 헤매기만 하고 끝나지 않는 것도 역시 아니다. 소설의 가치는 명쾌하고 명징한 작가의 주제 의식을 찾아가는 즐거움과 그 과정의 재미에 있다. 『구운몽』은 이런 명쾌함과 즐거움, 과정의 재미를 잘 보여주는 고전 중의 고전이라 할 것이다.

『구운몽』은 인간이라는 존재의 본질이 무엇인지를 성찰하는 '깨달음에 대한 텍스트'이며, 읽는 이들에게 깨달음을 주는 '깨달음의 텍스트'다. 깨달음의 주제를 직접 외치지 않고 문학적 형상화를 통해 세련되게 드러냄으로써 재미있고 흥미진진할 뿐 아니라 높은 위치에서 외치는 교훈적 주장보다 더 효과적인 목소리를 낸다.

지금도 『구운몽』의 목소리를 들을 수만 있다면 깊은 깨달음을 얻을 것이다. 비록 그렇게까지는 아니어도 적어도 나만이 진실이고 나만이 옳으며 나만이 진짜라고 생각하는 게 얼마나 어리석은 일인지를 알게 될 것이다. 옳고 그름이란, 그런 구분이란 늘 나도 모르는 사이에 나를 중심으로 생각하고 규정하고 판단하는 아집에 사로잡힌 허망한 꿈같은 것이니 말이다.

물론 그런 통찰이 없어도 좋다. 그냥 흥미진진한 판타지 이야기 속에서 환상적인 즐거움을 얻는 것도 좋다. 그렇게 재미와 흥미를 거듭하다 보면, 어느 날 문득 성진처럼 벼락같은 깨달음을 얻게 될지 누가 알겠는가. 어쩌면 지금도 어디선가 누군가에게 『구운몽』이 벼락 몽둥이처럼, 묵직한 탄환처럼 깊은 울림과 감동을 주고 있을지도 모른다. 『구운몽』이야말로 진정한 깨달음을 주는 고전 중의 고전이니 말이다.

고전古典　　　　　　　　　　　　　○

예전에 만들어진 것으로 시대를 초월해 높이 평가되는 문학 예술작품. 옛것이라고 모두 고전일 수 없는 것처럼, 아무리 엄청난 가치를 담고 있더라도 오늘에 적용할 수 없다면 고전을 고전답게 했다고 할 수 없음.

욕심慾心　　　　　　　　　　　　　○

무언가를 바라거나 얻고자 하는 마음, 분수에 넘치게 무엇을 탐내거나 누리고자 하는 마음. 너무 과한 것만이 아니라 너무 부족한 것도 욕심일 수 있음. 과도하게 겸손하며 빼는 것은 오히려 예가 아니란 뜻의 '과공비례過恭非禮'처럼 적절하게 마음을 기울이지 않는 게 오히려 욕심일 수 있음. 예를 들어, 특정한 위치에 있으면서 그 위치에 맞게 행동하지 않고 과하게 전횡하는 것도 욕심이지만, 아무 일도 않고 복지부동하는 것 역시 심각한 욕심이라 할 수 있음. 오히려 후자가 더 잘 드러나지 않기에 훨씬 더 문제적임.

욕망 欲望 ○

무엇을 가지거나 누리고픈 마음 혹은 어떤 혜택을 누리고
자 하는 감정으로, 자신에게 부족한 것을 채우기 위한 느
낌이 강함. 이는 인간 본연의 감정으로 피할 수 없고 피해
서도 안 되는 마음가짐임. 수면욕, 식욕, 성욕 등이 이에 해
당함. 시민 윤리에서는 적절한 정도의 욕망은 인간이 살아
가는 데 필수적이지만 과도한 욕망은 타인에게 피해를 입
히며 자신 또한 망친다고 이야기함. 욕망을 잘 다스린다
는 것은 무조건 참는 게 아니며 오히려 배출하는 것이기도
함. 그렇기에 자신의 마음 상태에 따라 어느 쪽으로도 치
우치지 않는 일정한 자신다움의 위치를 유지하는 마음, 즉
중용中庸의 자세가 중요함.

주체성 主體性 ○

개인으로서의 인간이 어떤 일을 실천할 때 나타내는 자유
롭고 자주적인 성질로 자기의 의지에 의해 무언가의 대상
에 능동적으로 작용하는 자세를 말함. 자신의 자신다움이
란 절대 변하지 않는 그 무엇이 있다고 종종 오해해서 자
신다움에 집착하는 경우가 있는데, 이는 주체성이 아니라

아집일 경우가 많음. 내가 주체적인 것처럼 남들 역시 주체적인 존재라는 것을 아는 것에서부터 시작되어야 진정한 주체성을 확립할 수 있음.

자기결정권 自己決定權　　　　　　　　　　　　　　○

대한민국 헌법상의 권리로 국가권력의 간섭 없이 스스로 결정할 수 있는 권리를 말함. 여기에는 성적 자기결정권(자기 스스로 내린 성적 결정에 따라 자기 책임 하에 상대방을 선택해 성관계를 가질 수 있는 권리)과 생명·신체의 처분에 대한 결정권, 피임결정권 등이 속함. 자기결정권은 헌법에서 규정하고 있는 기본적 권리이니만큼 존중되어야 하며, 타인의 자기결정권 역시 존중해야 함. 간혹 '취향존중'이란 말을 오용해 무엇이든 내 취향이 전부라는 듯 행동하며 타인을 질시하거나 폄하하는 것은 오히려 타인의 취향과 자기결정권을 침해하는 행위가 될 수 있음. 예를 들어 채식주의자가 타인이 고기를 먹는 것을 볼 때 못마땅할 수는 있으나 이것을 '옳지 않다'고 매도하거나 '반대'하는 적극적인 행동을 하는 것은 자기결정권을 넘어선 과도한 행동으로 오히려 타인의 자기결정권을 침해하는 경우임.

영웅英雄　　　　　　　　　　　　　　　　　○

지혜와 재능이 뛰어나고 용맹해 보통사람이 하기 어려운 일을 해내는 사람. 사람마다 처한 상황이 다르고 개인의 능력이 다르기에 모든 사람이 자신의 위치, 자신의 분야에서 영웅이 될 수 있음. 다만 남들이 그것을 알아보거나 파악하기 어려울 뿐임. 그래서 보통 영웅은 일반적인 사람들의 공통된 수준 이상의 뭔가를 하거나 해내는 사람이라 여김. 그렇더라도 모든 사람들이 자기 위치에서 영웅이 될 수 있고 실제로 그러함. 그렇게 잘 드러나지 않는 수많은 영웅들이 우리 주위에 있기에 우리 삶이 행복하고 편안한 것임.

공空　　　　　　　　　　　　　　　　　　○

대승불교의 기본 교리로, 모든 존재에 고정불변하는 실체가 없다는 사상. 공이란 한자어로 속이 비어 있는 상태를 뜻하는데, 그렇다고 해서 공이 결코 아무것도 없다는 것은 아니며, 마치 바람이 모양도 없고 잡을 수도 없지만 그렇다고 아무것도 없는 것은 아닌 것과 같은 이치임. 공을 깨닫는다면 진정한 해탈의 경지에 들어갈 수 있음.

색즉시공色卽是空 공즉시색空卽是色

『반야심경』에서 물질과 공 또는 공과 물질의 관계를 표현한 불교 교리. 원문은 "색불이공공불이색色不異空空不異色 색즉시공공즉시색色卽是空空卽是色"이며, 이는 '색이 공과 다르지 않고 공이 색과 다르지 않으며, 색이 곧 공이요 공이 곧 색이다'라는 의미임. 간혹 덧없음이나 허무함으로 잘못 이해하는 경우가 있음.

| 참고문헌 |

『홍부전』: 신재효본 박타령, 홍보만보록, 경판 25장본, 판소리 홍보가.

『춘향전』: 남원고사, 완판 열녀춘향수절가, 판소리 춘향가.

『홍길동전』: 김동욱 89장본, 경판 30장본, 동양문고본, 박태원본, 정비석본.

『구운몽』: 규장각본, 노존본, 완판본.

『한민족문화대백과사전』 DB.

『조선왕조실록』 DB.

『두산대백과』 DB.

김병국 외, 『서포연보』, 서울대학교 출판부, 1992.

김병국, 「九雲夢 著作時期 辨證」, 『한국학보』 51, 1988.

김일렬, 「洪吉童傳의 不統一性과 統一性」, 『어문학』 27, 한국어문학회, 1972.

김진영 · 김현주 편, 『홍보전』, 박이정, 1997.

설성경, 「夢의 통합적 層位와 系列相」, 신동욱 편, 『김만중 연구』, 새문사, 1983.

유광수, 《춘향전》의 혁명성은 어디로 갔는가?」, 『월간조선』 2018년 6월호.

유광수, 「《홍길동전》 양반인 듯 양반 아닌 양반의 존재 증명」, 『월간조선』 2018년 7월호.

유광수, 「〈구운몽〉: '자기 망각'과 '자기 기억'의 서사-성진이 양소유 되기」, 『고전문학연구』 29, 한국고전문학회, 2006.

유광수, 「〈구운몽〉: 두 욕망의 순환과 진정한 깨달음의 서사-양소유가 성진 되기」, 『열상고전연구』 26, 열상고전연구회, 2007.

유광수, 「〈홍길동전〉: 홍길동의 자기 존재 증명과 욕망의 서사」, 『철학·사상·문화』 31, 동국대학교 동서사상연구소, 2019. 11, 438~460쪽.

유광수, 「〈홍길동전〉의 현재적 계승과 개작 양상-정비석 『소설 홍길동』을 대상으로」, 『어문론집』 93, 중앙어문학회, 2023.

유광수, 「세책 〈홍길동전〉의 제작연대와 경판본의 관계-필사본 89장본, 조종업본, 정우락본, 경판 30장본, 동양문고본을 중심으로」, 『철학·사상·문화』37, 동국대학교 동서사상연구소, 2021.

유광수, 「알렌(H. N. Allen) 번역 「홍길동전」 연구」, 『어문론집』89, 중앙어문학회, 2022.

이윤석, 『『홍길동전』의 작자는 허균이 아니다』, 한뼘책방, 2018.

이윤석, 『남원고사 원전 비평』, 보고사, 2009.

이윤석, 『홍길동전 연구』, 계명대학교출판부, 1997.

전경목, 『고문서, 조선의 역사를 말하다』, 휴머니스트, 2013.

정규복, 『구운몽 연구』, 고려대학교 출판부, 1974.

정충권, 『흥부전 연구』, 월인, 2003.

조동일, 「영웅의 일생, 그 문학사적 전개」, 『동아문화』10, 서울대학교 동아문화연구소, 1971.

한국학중앙연구원 장서각 엮음, 『조선시대 재산상속문서 분재기』, 한국학중앙연구원, 2014.

KI신서 11780

욕망으로 읽는 조선고전담

1판 1쇄 인쇄 2024년 3월 6일
1판 1쇄 발행 2024년 3월 15일

지은이 유광수
펴낸이 김영곤
펴낸곳 ㈜북이십일 21세기북스

인생명강팀장 윤서진 인생명강팀 최은아 강혜지 황보주향 심세미 김대현
디자인 엄혜리
출판마케팅영업본부장 한충희
마케팅2팀 나은경 정유진 박보미 백다희 이민재
출판영업팀 최명열 김다운 김도연 권채영
제작팀 이영민 권경민

출판등록 2000년 5월 6일 저1406-2003-061호
주소 (10881) 경기도 파주시 회동길 201(문발동)
대표전화 031-955-2100 팩스 031-955-2151 이메일 book21@book21.co.kr

㈜북이십일 경계를 허무는 콘텐츠 리더

21세기북스 채널에서 도서 정보와 다양한 영상자료, 이벤트를 만나세요!
페이스북 facebook.com/jiinpill21   **포스트** post.naver.com/21c_editors
인스타그램 instagram.com/jiinpill21   **홈페이지** www.book21.com
유튜브 youtube.com/book21pub

서울대 **가**지 않아도 들을 수 있는 **명강**의! 〈서가명강〉
서가명강에서는 〈서가명강〉과 〈인생명강〉을 함께 만날 수 있습니다.
유튜브, 네이버, 팟캐스트에서 '서가명강'을 검색해보세요!

©유광수, 2024

ISBN 979-11-7117-468-3 04300
    978-89-509-9470-9 (세트)